设计学系列成果专著

任文东 主编

媒介环境学派视角下的网络游戏玩家研究

RESEARCH ON
ONLINE GAME PLAYER
FROM MEDIA ECOLOGY
PERSPECTIVE

单鹏 著

中国纺织出版社有限公司

总序
FOREWORD

　　当今时代是全球科学技术、文化艺术快速发展的重要历史时期，也是艺术设计发展取得突破性成就的黄金时代。随着计算机信息技术的迅猛发展，人类社会逐步开启了全新的世界观及生活观，前沿科技彻底颠覆了工业社会时代设计哲学指导的设计范围、设计内容、设计意义。当今设计所面临的是一个多元交叉、领域交融、机遇与挑战并存的新时代，探索设计与设计教育的新理念、研究未来设计学科发展的新范式在当下具有非常重要和切实的意义。

　　一个新学科的兴起预示着更多学科的交叉与融合。这种融合不仅发生在不同国家不同文化上，还发生在新的技术与科学的加入上，所以多元化学科交叉与融合将是艺术设计未来的发展趋势。任何学科都需要有创新力，设计更是如此。设计学本身作为一种交叉学科，它推动了各类社会学科的创新发展。而作为一个新时代的设计学生，他们需要拓宽视野，探索涉猎学科的深度与广度，掌握新技术与新媒介的应用手段，才能够成为符合新时代背景的合格的设计师。

设计的目的是服务于人,也是实现人类追求美好生活的重要手段。设计的特征是集成创新,设计的目标是以需求为导向的转化应用。设计教育只有实施多向度的跨界、知识的交融、资源的整合、创新的集成、科学的评价,才能培养出能统筹多元知识、满足社会需求的合格的创新设计人才。

本套丛书是基于设计学学科的前期积累,综合了设计创新思维与方法、智能服装设计与教育、民族服饰与文化产业、民国图像与服饰历史、网络游戏与数字媒体、宜居城市广场群时空分布等研究成果,从多维度、多角度进行宏观与微观、传统与现代的多层面研究,努力丰富设计学学科的内容,拓宽学科视野。愿丛书的出版对设计学学科的发展起到积极的推动作用,与此同时,为高层次设计人才的培养以及设计教育范式转型与构建增添更多的理论支撑。

感谢所有作者同事们的大力支持。错漏之处在所难免,敬请各位同行及广大读者批评指正!

任文东
2020 年 8 月

序
PREFACE

意识延伸的游牧家园

数字化浪潮汹涌而来，媒介技术已将人的身体与神经系统都延伸出来了。我们正来到人类延伸的最后一个阶段——从技术上模拟意识的阶段。此阶段正是人工智能阶段，技术模拟人脑思维和意识活动，创生性的认知将会在社群中普遍延伸，并进入人类社会的一切领域，正像我们的感觉器官和神经系统凭借各种媒介而得以延伸一样。这正是麦克卢汉预言到的"向内的爆炸"——人意识的延伸。

本书是以媒介环境学派的理论视野进入探究，该视野是观照新媒介技术，带来新的媒介环境，从而对社会与人的改变和影响。作者提出作为数字媒介的网络游戏重新塑造了参与者的感知模式，也就是将参与者的意识得以延伸，让玩家们进入赛博空间过着一种超越三维时空的、沉浸体验的游戏生活。

如何理解玩家身份维度的变化，成为作者研究的切入点，也就是从哲学的高度，探究了人在数媒世界里新的形成，并提出"数字人"的概念。作者写道："玩家在赛博空间里通过角色扮演塑造出虚拟的自我，电脑屏幕上的角色不是镜子中真实的自我影像，而是意识中的自我化身，并将游戏中的虚拟自我作为真实自我的一部分。"科幻小说家吉布森在《神经漫游者》中宣布："我们建立的全球社会空间——赛博空间，由交易、关系和思想本身构成，它们像一道永恒的波浪，在我们的交流之网上部署着。我们的世界无处不在，又无处可寻，我们的世界不是肉体存在的世界。"

游戏玩家将自己的意识迁移进角色的场景，过着一种由计算机生成的虚拟现实的意识生活。这个角色化身的感知意识是"人工意识"，也就是说，我们一直将意识当作人自身内在性的，可人工意识是在人体外重新建构出人类的意识感知模式。正如，当 GPS 或北斗导航为地球上几十亿人和他们开的车导航时，其实是在人身体之外建构了一个全球心智的光电子媒介环境。这个地球已成为鸟巢里的蛋，多层的网络神经系统已把地球搂抱在怀里，整个地球人类每时每刻都在比特的星空和比特海洋里生活着，而一切人与物的信息数据都在各类云空间里储存、在互联网的神经系统以光速的方式迁移互联。

作者在书中写道："通过媒介环境学派视角，看到网络游戏为玩家提供了全新的互动环境。玩家的一切信息通过化身的方式，通过角色扮演，游戏化身完成玩家的使命。玩家在屏幕中扎根，寄存于赛博空间。玩家在游戏中乐此不疲地创建着真实世界之外的虚拟生活家园，构建出一个无限扩张的媒介虚拟世界。"人类历史最伟大的成就就是在人类体外延伸一个互联网的神经系统，以至于将人内在性的自我意识解放出来，并能迁移到外部的虚拟世界中。人的内在意识与外界意识的边界取消，也就是人的身体与心灵意识可以分离开。人工智能技术、人脑芯片的开发，就是要将人脑神经元里的意识延伸到电脑屏里显现出来，这是人类正在完成最后的延伸——意识的延伸。XR 的虚拟现实技术，以及网络游戏的魅力，正在于让人们可以从身体的束缚中脱离出来，得到一种自在、自由的沉浸性体验。

从审美维度上看，忘记自我身体此时此地的存在，而将意识专注地沉浸在游戏中，得到一种庄子式的"坐忘"体验。德勒兹将在虚拟世界的创意生成活动称为"精神游牧"，就像是在《千座高原》里的自由驰骋，纵情放歌。因为，在赛博空间里可以有新的角色身份，有新的价值认同，可以实现在现实生活中不可能实现的幻想和欲求。还可以从已定的社会秩序，压制的身份关系中逃离出来，获得一种心灵解放和强烈新鲜的感觉体验。游牧，在精神家园里的游牧，正是借助赛博文化无穷尽的虚拟力量，是意识在无尽可能世界里探寻的意境生活。这时，玩家也成为了艺术家。

作者写道："玩家在心理上脱离躯体的束缚参与到在线

游戏的世界，玩家在生理、物理、心理三个维度发生转变，笔者在玩家生理角度，提出'数字人'概念，揭示出网络游戏为数字人营造的'数字视听空间'，带给玩家触觉性视觉的感知改变。从玩家物理角度，将化身定义为'由人通过计算机控制电脑生成的角色'。强调作为化身的玩家，摆脱了肉体此时此地的交流束缚，通过网络游戏媒介实现幻想。"

数字化的空间里，数字人以"块茎思维"的方式进行创意生成活动。"块茎"是德勒兹提出的一个哲学概念，他将"块茎"延伸为一种全新的而不同于"树状"的思维模式。在德勒兹看来，起源于古希腊时代以因果关系、等级制、二元对立性为特征的树状思维已主导西方社会几千年之久。树状思维是由固定中心而形成等级秩序逻辑的知识系统。"块茎"思维则是多维多元生长、水平延伸的，块茎就像马铃薯一样，绝不会扎根于某一固定位置，而是在地下浅层扎根四处生长，在地表面它的枝茎也是平面式不断生长，扩展自己的领地。块茎与块茎之间也是无等级秩序的形态裂变，随处断裂而又能生成出新的块茎，不断繁衍生长。

"块茎"思维是非中心的、开放性的、创造性的思维方式。当今的数字媒介生态中，我们的赛博空间、网络游戏、智能手机、App软件、社交媒体、大数据库、云空间等都是像"块茎"一样，呈现像神经网络系统既多维多元的连接、又异质相融合而共生存的方式。

因"块茎"是一个非等级制的系统，它没有中心，无法确切地掌控；当它裂变时，它会重新生成不同的形式。这种模式在赛博空间被用作一种方式，去构想互联网和其他非等级制系统互相联系却又难以预测的特质。一旦电脑被链接在一起，信息的流动通道可以以任何方式出现——创造一种"块茎"式的系统，它没有中心，持续不断地运动，变化莫测，不断地链接和重新排列组合。当今数字化时代，"块茎"作为"反中心系统"的象征，大数据、云计算、区块链、数字货币都是基于"块茎"式的去中心化而生成的运作方式。

"块茎"是指事物本身开放性的生长状态，也指事物之间的多维多元的连接关系；既是对二元对立的树状思维一种颠覆性的研究方法，也是发现事物之间相关性的关系，而不断融合生成各种新关系，具有不断创造力的生命态的思维方式。

作者写道："创作者通过多个块茎的平面化、无深度的并置，表现其作品，为参与者创造了块茎间跳跃的平台。参与者可以随时介入块茎，参与其生成，然后离开，跳入到其他块茎。参与者的互动与块茎之间信息的传递，导致块茎之间的力的全新组合，在不断发展的动态中生成。参与者在块茎间的跳跃过程中，形成各自的观赏体验路线，最终形成差异性的块茎生成，最终影响作品的整体生成。"块茎蕴含无限潜能，让我们在赛博空间、虚拟现实的世界里不断突破自我意识的束缚，不断伸展意识的天空，探索数字空间无限的惊奇境界。网络游戏正是这一意识空间的生存方式的先锋。

最后，我想说的是：人工智能时代到来，将让我们目睹智能技术越来越接管我们的身心。我们越来越进入数字化的虚拟现实的世界，更多成为作者所说的"数字人"。我们在三维物质世界的认知将彻底改变，一些重要的边界会取消：一是现实与虚拟的界线消失，虚拟现实将主导人们的意识。二是肉身与心灵的边界取消，之前心灵意识只在肉身之内，人工智能和脑芯片将人的心灵意识从肉身里分离出来，能进入数字网络世界自由生成扩展。三是人机的界面消失，人与机器共生存，相融为一体。

此书探究的网络游戏，正是人们在数字媒介空间里用想象力创生无数可能的意识空间里的生活，是人们自由精神的"游牧"。0与1二进制的数字世界的开创者莱布尼茨说：现实世界只是从无数可能世界中选择出来的一个世界。游戏玩家说：我们可以探索无数可能的世界，享受自由创造的惊奇和乐趣，我们来自赛博空间，无数可能世界正是我们穿行其间的精神家园。

中国传媒大学教授、博士生导师　陈默
2020 年 9 月

目 录
CONTENTS

绪论 001

    第一节　研究缘起与意义 002
        一、研究问题 004
        二、研究意义 007

    第二节　研究方法与论文结构 009
        一、研究方法 009
        二、本书结构 011

    第三节　相关研究综述 013
        一、游戏理论的相关研究 014
        二、媒介环境学派视角观照网络游戏的相关研究 ... 022

第一章
电子游戏的历史与现状 027

    第一节　电子游戏的历史 028
        一、1970年代的游戏：白色光点的运动 028
        二、1980年代的游戏：角色参与的舞台 032
        三、1990年代的游戏：虚拟真实的3D世界 037
        四、2000年代的游戏盛宴：走向网络互联空间 039

    第二节　电子游戏现状 043
        一、电子游戏的类型 043
        二、电子游戏的现状 045

    第三节　人性化趋势的电子游戏 048

第二章
数字互动传播的媒介环境 055

    第一节　数字互动传播时代 056

第二节　数字媒体艺术的媒介特征 ⋯⋯⋯⋯⋯⋯⋯⋯⋯⋯⋯⋯⋯ 059
　　一、数字化 ⋯⋯⋯⋯⋯⋯⋯⋯⋯⋯⋯⋯⋯⋯⋯⋯⋯⋯⋯⋯⋯⋯ 061
　　二、开放性 ⋯⋯⋯⋯⋯⋯⋯⋯⋯⋯⋯⋯⋯⋯⋯⋯⋯⋯⋯⋯⋯⋯ 062
　　三、模块化 ⋯⋯⋯⋯⋯⋯⋯⋯⋯⋯⋯⋯⋯⋯⋯⋯⋯⋯⋯⋯⋯⋯ 062
　　四、变量化 ⋯⋯⋯⋯⋯⋯⋯⋯⋯⋯⋯⋯⋯⋯⋯⋯⋯⋯⋯⋯⋯⋯ 063
　　五、交互性 ⋯⋯⋯⋯⋯⋯⋯⋯⋯⋯⋯⋯⋯⋯⋯⋯⋯⋯⋯⋯⋯⋯ 063
　　六、虚拟性 ⋯⋯⋯⋯⋯⋯⋯⋯⋯⋯⋯⋯⋯⋯⋯⋯⋯⋯⋯⋯⋯⋯ 064
　　七、数据库 ⋯⋯⋯⋯⋯⋯⋯⋯⋯⋯⋯⋯⋯⋯⋯⋯⋯⋯⋯⋯⋯⋯ 064

第三节　数字游戏的基本艺术语言构成 ⋯⋯⋯⋯⋯⋯⋯⋯⋯⋯⋯⋯ 066
　　一、人机交互 ⋯⋯⋯⋯⋯⋯⋯⋯⋯⋯⋯⋯⋯⋯⋯⋯⋯⋯⋯⋯⋯ 067
　　二、实时生成 ⋯⋯⋯⋯⋯⋯⋯⋯⋯⋯⋯⋯⋯⋯⋯⋯⋯⋯⋯⋯⋯ 068
　　三、拟像操控 ⋯⋯⋯⋯⋯⋯⋯⋯⋯⋯⋯⋯⋯⋯⋯⋯⋯⋯⋯⋯⋯ 070
　　四、交互叙事 ⋯⋯⋯⋯⋯⋯⋯⋯⋯⋯⋯⋯⋯⋯⋯⋯⋯⋯⋯⋯⋯ 070
　　五、块茎结构 ⋯⋯⋯⋯⋯⋯⋯⋯⋯⋯⋯⋯⋯⋯⋯⋯⋯⋯⋯⋯⋯ 071

第三章
网络游戏中的互动体验 ⋯⋯⋯⋯⋯⋯⋯⋯⋯⋯⋯⋯⋯⋯⋯⋯⋯⋯⋯ 075

第一节　多元的互动 ⋯⋯⋯⋯⋯⋯⋯⋯⋯⋯⋯⋯⋯⋯⋯⋯⋯⋯⋯⋯ 076
　　一、玩家与计算机互动 ⋯⋯⋯⋯⋯⋯⋯⋯⋯⋯⋯⋯⋯⋯⋯⋯⋯ 079
　　二、游戏玩家与玩家的互动 ⋯⋯⋯⋯⋯⋯⋯⋯⋯⋯⋯⋯⋯⋯⋯ 080
　　三、玩家与游戏的互动 ⋯⋯⋯⋯⋯⋯⋯⋯⋯⋯⋯⋯⋯⋯⋯⋯⋯ 081

第二节　沉浸感 ⋯⋯⋯⋯⋯⋯⋯⋯⋯⋯⋯⋯⋯⋯⋯⋯⋯⋯⋯⋯⋯⋯ 084
　　一、沉浸感定义 ⋯⋯⋯⋯⋯⋯⋯⋯⋯⋯⋯⋯⋯⋯⋯⋯⋯⋯⋯⋯ 084
　　二、沉浸感类型 ⋯⋯⋯⋯⋯⋯⋯⋯⋯⋯⋯⋯⋯⋯⋯⋯⋯⋯⋯⋯ 086
　　三、游戏中的沉浸感 ⋯⋯⋯⋯⋯⋯⋯⋯⋯⋯⋯⋯⋯⋯⋯⋯⋯⋯ 090

第三节　心流体验 ⋯⋯⋯⋯⋯⋯⋯⋯⋯⋯⋯⋯⋯⋯⋯⋯⋯⋯⋯⋯⋯ 097

第四章
数字人的触觉性视觉 ⋯⋯⋯⋯⋯⋯⋯⋯⋯⋯⋯⋯⋯⋯⋯⋯⋯⋯⋯⋯ 101

第一节　"数字人"的提出 ⋯⋯⋯⋯⋯⋯⋯⋯⋯⋯⋯⋯⋯⋯⋯⋯⋯ 102
　　一、赛博格的启示 ⋯⋯⋯⋯⋯⋯⋯⋯⋯⋯⋯⋯⋯⋯⋯⋯⋯⋯⋯ 102
　　二、数字人 ⋯⋯⋯⋯⋯⋯⋯⋯⋯⋯⋯⋯⋯⋯⋯⋯⋯⋯⋯⋯⋯⋯ 103

第二节　数字视听空间 ······ 106
　　　一、声觉空间与视觉空间 ······ 106
　　　二、数字视听空间 ······ 109
　　第三节　触觉性视觉 ······ 112

第五章
幻想媒介中的化身 ······ 117

　　第一节　网络游戏中的化身 ······ 118
　　　一、无形无象之人 ······ 118
　　　二、化身之人 ······ 119
　　第二节　实现玩家幻想的媒介 ······ 123

第六章
网络游戏中的虚拟自我 ······ 127

　　第一节　玩家的角色扮演 ······ 128
　　第二节　虚拟自我身份的多样性 ······ 132
　　第三节　数字村落中的虚拟自我 ······ 138
　　第四节　虚拟与真实自我的混合 ······ 147

第七章
网络游戏中的媒介定律 ······ 153

　　第一节　媒介定律 ······ 154
　　第二节　媒介定律的启示 ······ 156

结语与展望 ······ 161

参考文献 ······ 166
致谢 ······ 173

Introduction
绪论

第一节
研究缘起与意义

　　数字技术带来的网络时代，成为人类生活方式变迁的重要因素，它正在改变我们的时空观，扩大我们的活动范围，可以在赛博空间里畅游，塑造着人类新的身份与认同。数字游戏产业基于媒介技术的发展变迁而成长壮大起来，每天上千万的人们在网络游戏中进行消遣与娱乐，它建立起了一个巨大的经济市场。2019年12月19日《2019年中国游戏产业报告》发布，2019年中国游戏市场实际销售收入2308.8亿元，同比增长7.7%；中国游戏用户规模达到6.4亿人，同比增长2.5%。（中国音像与数字出版协会游戏出版工作委员会，2019）

　　作为文化软实力的一部分，网络游戏的商业价值正呈现逐年递增的态势。数据的背后，是游戏玩家的精力与财力的投入。网络游戏产业在世界各地迅速发展，它不仅是一种休闲活动，更成为一种社会文化现象。网络游戏依托网络媒介，在世界范围内，通过在线娱乐的实时交流形式，吸引着世界各地的大量游戏玩家。玩家将大量的时间与精力投入到游戏活动里,在虚拟的游戏中探索未知的世界。网游开发商从软件开发到电子竞技联赛的举办,从不同的方面形成网游文化。玩家通过网络游戏,进行社交活动,在游戏中进行团队合作,学者将他们称为"游戏的一代"。(Ryu, 2008) 快速增长的网络游戏市场已经改变了玩家的日常生活,特别是对十几岁和二十几岁的玩家,他们通常使用新的技术来培育友谊,并通过参与网络游戏、即时通信和博客来建构自己的社区。游戏研究学者意识到:"游戏本身是不平凡的,已成为人类的关系和人们的生活中的一部分。"(D.Lee, 2006)

网络游戏产业的迅猛发展在社会变化和文化传播领域已经成为一种不可忽视的社会文化力量。在传统媒介中,书籍作为印刷品纸媒的代表,电影、电视作为影像传播的代表,依靠线性时间,对大众而言是单向的传播与被动的读解。与这些文化产品不同的是,网络游戏中故事的发生与发展,则离不开玩家的交互参与。波德里亚认为:"后现代是一种秩序的变迁,在从生产性社会秩序向再生产性社会秩序转变的过程中,技术与信息的新形式占有核心地位;在再生产性社会秩序中,由于人们用虚拟、仿真的方式不断扩张地构建世界,因而消解了现实世界与表象之间的区别。"(费瑟斯通,2000:4)玩家通过角色化身在虚拟世界中,根据游戏的规则与秩序,不断地发展和建立"角色"。媒介良好的操控性,摆脱了真实世界的束缚,带给玩家真实的虚幻体验。

作为新兴的网络游戏,其社会影响受到更多研究者的关注,北京大学等多所国内高校已经开设了"游戏研究"课程。网络游戏的出现,打破了玩家个人孤立游戏的体验方式,转向赛博空间的网络狂欢世界。网络游戏,在一定程度上,改变着我们的观念,影响着我们的行为。在早期的研究中,玩家被视为同质化的、固定的,玩家被动参与,未有解释和选择性,这不仅忽视了游戏玩家体验的多样性,同时也忽略了玩家参与和投入到游戏文本中的时间、空间的方式。对于网络游戏的研究,早期多为游戏效果的负面研究，如游戏成瘾、暴力等研究。毋庸讳言，媒介是网络游戏存在的前提，它打破了游戏的物理空间束缚，转向屏幕与网络空间。随着研究的深入及游戏开发商不断地修正，游戏的正能量在不断地显现。玩家通过网络游戏进行消遣娱乐、进行网络社交等活动，这样的现象，也越来越引起学术界的重视。

一、研究问题

21世纪，是艺术与科技结缘互补的时代。借助数字技术的力量，游戏插上了腾飞的翅膀，成为人类休闲娱乐的重要组成部分。加拿大多伦多大学麦克卢汉科技和文化中心的德克霍夫在论及信息科技时，指出"我们永远都是被我们自己的发明所塑造和重塑的。"（Kerckhove, 1998: 5）"媒介环境学研究我们如何构建和重建知识，研究我们如何构建和重建人栖息其间的现实；研究的范畴包括：我们的认识工具即感官和中枢神经系统，我们的探索工具，我们的探索工具需要的物质媒介（比如光线、声音和电能），以及我们使用这些媒介的条件。"（林文刚, 2007: 214）通过媒介环境学派的现有理论成果观照网络游戏，把网络游戏视为传播媒介，探寻新媒介与人的关系及其影响。"强调人在媒介研究中的重要角色，重点关怀如何研究人与传播媒介的关系。"（林文刚, 2007: 林文刚之中文版序）在艺术学与传播学两门学科的联系互补的更广阔的跨界研究中，玩家进入了新的体验维度，超越了人类真实的历史时间与地理空间，就此展开学术分析与探索。

正如电影《电子争霸战》（1982）、《黑客帝国》（1999）、《感官游戏》（1999）中描绘了计算机生成的世界，网络游戏正是游戏玩家通过在赛博空间中与游戏世界的交互而产生的。数字媒介是迄今发现的最完美的模拟媒介，不仅可以视觉化表征逼真的现实世界，而且能够仿真化模拟复杂的虚拟世界。如果表征是对过去历史的重现，那么模拟则是对未来的前瞻。游戏玩家通过网络游戏的虚拟性，模拟日常生活中的活动，同时在虚拟的世界中，实现自己的幻想。玩家沉浸在虚构的世界中，为游戏中的故事所吸引，为游戏中玩家所化身的角色命运所感动。

通过对网络游戏媒介的分析，是理解玩家的游戏文化的有效路径。"既然一切媒介都是我们自己的延伸，或是我们的肢体向物质材料的转换，所以任何一种媒介的研究都有助于我们理解其他所有的媒介。"（McLuhan, 1964:139）由此可见，若要理解媒介对人与人相互关系的影响，我们就要进行整体的、多学科的研究。（罗伯特·洛根, 2012:312）本研究在媒介环境学派的理论框架中，梳理电子游戏研究的相关成果，通过对个别的、具体的案例的归纳，以达到对该领域的更普遍的理解。在研究过程中，并不是将所有的网络游戏类型都包含其中，而是要进行更多的分析性而不是描述性研究。着重考察网络游戏的媒介特征，以及对玩家在虚拟世界中的化身性、认同感及其形成的媒介文化的深入细致分析，为媒介环境理论提供具体的案例标本，反思玩家对网络媒介环境的认知、网络媒介对人的影响，从而思考媒介对人类、文化的广泛影响以及媒介对人类生存环境的改变。正如罗杰·菲德勒所言："通过回头去看并且仔细地考察传播媒介和文明相互交织在一起的进化路程，我们就能够找到洞察未来的可贵模式与基本原则。"（罗杰·菲德勒, 2000. 转引自王冰, 2010:引言11-12）

正如林文刚所言："迄今为止，国内学者把研究重点放在经验学派和批判学派之上，对媒介环境学派的研究则用力不够、着墨不多。"（林文刚, 2007:何道宽之中文版序）当互联网时代和数字化生存时代顷刻间就改变了这个世界人类生活方方面面的时候，连最顽固的反对派也得承认，麦克卢汉的预言具有毋庸置疑的合理性。（蒋原伦, 2010:167）采用媒介环境学派的研究方法对网络游戏进行研究，是对网络游戏研究方法论的尝试与探索。这样的学术研究是有风险的，但这样的研究是十分必要的。从媒介环境学派的视角进行研究，其相关文献略有涉及，但尚处于萌芽阶段，原因可能归于以下几种：原因之一，作为研究对象的网络游戏，基于数字科技与艺术创作而产生，很多研究者将精力集中在游戏设计、艺术创作的方面，仅将其作为文化产品进行创作，对于其文化影响尚未进行深入的探索与思考。原因之二，与经验学派和批判学派相比，异军突起的第三学派（何道宽，2006）对很多学者持有"媒介环境学派等于技术决定论"的观点存有偏颇。经验学派认为，媒介环境学派是没有数据论证的天马行空般的想象，质疑其研究存在着无法验证的致命问题。而媒介环境学者认为："实证主义的词汇是形式逻辑的词汇，是封闭系统的词汇，而不是活生生的开放系统的词汇，在开放系统里，论证的起点不应该是确立证据，而是增加赞同的程度。"（Toulmin，1958.转引自林文刚，2007:144）原因之三，研究学者的学术背景来源于文学、传播学等学科，网络游戏属于交叉边缘化研究，需要相关的学术积累与跨学科视野，研究难度高，存在较高风险。

网络空间成为人们新的栖居地。卡西尔认为："随着人们象征活动的进展，物质现实似乎在成比例地缩小。人们没有直面周围的事物，而是在不断地和自己对话。他们把自己完全包裹在语言形式、艺术形象、神话象征或宗教仪式之中，以至于不借助人工媒介他们就无法看见或了解任何东西。"（转引自尼尔·波斯曼，2010:11）网络游戏让玩家找到新的自我，"计算机屏幕已经成为把自己作为一个多维分布的主体来对待、把自己想象成一个多重角色的社会主体并进行一种全面实践、创造新的全能自我的有力工具。"（陆俊，1999: 130-131）在网络游戏的世界里，通过化身角色扮演，追寻自我同一性的发展，满足人类现实世界中渴望而无法实现的角色身份，突破了现实的局限与束缚，参与到虚拟社区的活动中。在具备完整的游戏规则与社会系统设置的游戏世界中，玩家可以借以由游戏来满足其内在的一些生物性与本能性的冲动。（刘春艳，2008）在网络游戏媒介环境中，通过化身参与游戏活动，流露出内心的情感，真真切切地感受到游戏人生中的体验。戈夫曼认为，当一个人在扮演一种角色时，他必定期待着他的观众们认真对待自己在他们面前所建立起来的表演印象。（戈夫曼，2008: 15）网络游戏成为自我表演的舞台，也是自我延伸的场域，玩家与化身感同身受，与肉体暂时分离，快感的体验在角色扮演中实现，情感的宣泄在游戏中释放。在游戏过程中，玩家寻找到自我认同的方式，满足了自我的需求。通过角色扮演，进行理想化的表演。"MUD 就是这样一个光怪陆离的世界，它可以和你的现实的生活完全地颠倒过来，能让你尝试另一种个性，张扬一种与现实的你背道而驰的个性。正是它的虚拟性才让我有机会塑造另一个自我。"（曾国屏，2002: 131-132）"你可以成为你想成为的任何人。只要你希望，你可以全然重新定义你自己。你无须如此担心其他人为你安排的位置。他们不会看见你的肉体并且做出假设。他们听不到你的口音也不做任何预设。他们眼中所见的只有你的文字。"（Turkle, 1995: 184）

本书主要考察网络游戏媒介，分析网游媒介对游戏玩家身份的感知变化。主要关注如下问题：

第一，网络游戏媒介的特性研究。

第二，网络游戏中的玩家身份研究。

第三，网络游戏偏向声觉空间研究。

第四，网络游戏玩家虚拟自我的塑造。

二、研究意义

（一）麦克卢汉媒介理论在数字时代的发展

麦克卢汉在《理解媒介：论人的延伸》中，用了相当大的篇幅，对游戏进行了分析，将游戏视为人的延伸的媒介。"游戏是大众艺术，是集体和社会对任何一种文化的主要趋势和运转机制作出的反应。游戏是我们心灵生活的戏剧模式，给各种具体的紧张情绪提供发泄的机会"。（麦克卢汉，2000: 291-293）莱文森认为："数字时代既可以用麦克卢汉来解释，也可以使麦克卢汉的思想更加突现出来。换句话说，在数字时代的重新构型之下，麦克卢汉的意思显得更加清楚。"（莱文森，2001: 59）麦克卢汉生活的年代，尚未出现网络游戏。通过本论文的研究，希望能够深化麦克卢汉对游戏媒介的理解，通过麦克卢汉的隐喻，不仅为数字时代的网络研究提供了向导，同时，通过网络游戏的媒介研究，证明麦克卢汉思想中隐而未显的意义，丰富对媒介环境学派的相关研究。通过对其重要的洞见、原则与概念的分析与阐述，解释与验证麦克卢汉告诉我们的一些媒介信息。同时，根据网络游戏的媒介特征，修正前人理论中的偏颇。

（二）从媒介视角理解网络游戏

通过对网络游戏媒介的分析与考察，有助于对网络游戏现象与文化的理解。对于网络游戏这个新媒介的研究，目前是基于跨学科的研究方法。一些学者对其数字媒介进行哲学思考，还有些学者对网络游戏过程中的效果进行分析。系统论、赛博文化研究、人工智能、人机交互等研究方法都在尝试通过不同视角，用"传统"媒介研究方法来解释数字文化。（Lister, 2003）这些研究框架为电脑游戏理论带来了新的研究路径与内容，同时，也带来了对电脑游戏的误解。毕竟，网络游戏与小说、电影和其他传播媒介存在着差异。正如阿尔赛斯（Espen Aarseth）在《游戏研究》期刊中的观点："游戏不是电影或者小说的一种类型，但是我们已经从它们的视角进行研究，无疑这还将继续。而且，不断地进行着，直到电脑游戏作为一个完全独立的学科位置。"（Aarseth, 2001）电脑游戏媒介的特殊性，不仅要从文字、影像、声音、角色等作品与文本内容进行分析，同时，也要着眼于媒介本身进行研究与思考，研究者需要用新的思考方式，打破现存的研究方法。媒介环境学派从人与媒介的关系进行考察，强调媒介的呈现方式，这正是"媒介即信息"提醒研究者进行具体的媒介研究的必要性。

第二节
研究方法与论文结构

一、研究方法

美国的科学史学家乔治·萨顿认为:"在科学领域内,方法至为重要。一部科学史,在很大程度上就是一部工具史,这些工具——无论有形无形——由一系列人物创造出来,以解决他们遇到的某些问题。"(1987)。由于网络游戏的媒介特殊性,因此不能局限在单一学科的视野中,对网络游戏问题的研究必须要选择跨学科的路径。卡尔·波普尔认为"哲学深深扎根于哲学之外的问题中",对问题所采用的研究方法的选择颇有启发意义。麦克卢汉对媒介的天马行空的预言,正来自他的人文学科的非实证的思考方式。学术研究的所谓方法,不一定存在于学科内部,因为任何方法,只要能真正地解决问题,就是正确的研究方法。

目前对网络游戏的分析视角,呈现多学科、跨学科的多样化趋势,如心理学、计算机、文学、美学……基于媒介环境学派的研究范式,本论文将网络游戏作为研究媒介,从麦克卢汉等媒介先哲的理论中汲取灵感,进行对网络游戏媒介的分析以及玩家与媒介的互动研究,而非游戏规则与情节设定的研究,探究常常被人忽视却在起着重要作用的传播媒介本身对游戏玩家的改变,以及网络游戏对玩家身份的影响。媒介环境学派的学者强调,媒介形成的环境在潜移默化的过程中对人感知模式的改变。莱文森认为:

"麦克卢汉提供的框架，帮助我们理解了人与技术的关系、与世界的关系、与宇宙的关系，它与理解人的心理、生活和物质宇宙的框架一样重要。"（2001:3）本文将揭示网络游戏中隐蔽的、被众人所忽略的媒介影响。

论文主要采用文献分析、比较研究、思辨方法进行媒介理论的研究，并针对媒介对玩家的影响进行分析与论证。

（一）文献分析法

文献分析是一种从文献内到文献外特征的推论式研究，目的是通过描述性和推论性的内容分析来揭示隐藏在大量文献中的现实和社会事实。（张西明，2002:13）在网络游戏研究者的相关研究成果的梳理中撷取吉光片羽，对网游媒介中的玩家身份研究的相关学术理论进行引证、分析；同时，引用游戏行业最新数据，避免脱离实际的纸上谈兵，出现理论无处落地的尴尬局面。

（二）比较研究法

在网游媒介特征的分析方面，对网游的纵向的发展史进行回顾，运用比较研究方法，梳理从单机游戏、视频游戏到网络游戏的媒介变迁过程中，网络游戏世界中的玩家虚拟自我的塑造等问题。列举了《魔兽世界》《第二人生》等具有代表性与典型性的游戏案例进行研究，通过对个别的、具体的案例的归纳，以达到对该类问题的更普遍意义上的理解。

（三）思辨分析法

对网游的玩家角色身份维度、网游空间媒介环境等议题，通过对媒介环境学派相关研究理论的梳理，进行思辨性分析，洞察其媒介对人的感知模式的影响及其形成的媒介文化。通过归纳和演绎、分析与综合的定性分析方法，深入研究媒介对玩家感知模式的影响，由表及里，去伪存真。

网络游戏研究需要综合不同的学科，以便系统分析，深入探讨。本论文主要结合传播学、游戏学、艺术学、心理学等学科，选取了一些较为公认的理论与案例进行旁征博引，力求客观地进行分析与思辨。

二、本书结构

本书共分为九个部分（表0-1）。

表0-1 本书框架

绪论	电子游戏的历史与现状		数字互动传播的媒介环境			网络游戏互动体验		数字人的触觉性视觉		媒介定律
绪论	电子游戏的历史：1970年代的游戏、1980年代的游戏、1990年代的游戏、2000年代的游戏；现状：电子游戏的类型、电子游戏的现状	人性化趋势的媒介	数字互动传播的媒介时代	数字媒体艺术的媒介特征：数字化、开放化、模块化、变量化、交互性、虚拟性、数据库	数字游戏的基本艺术语言构成：人机交互、实时生成、拟像操控、交互叙事、块茎结构	多元的互动：玩家与电脑、玩家与玩家、玩家与游戏	沉浸感；心流体验	生理：数字人的提出、数字视听空间、触觉性视觉	物理：幻想媒介中的化身、网络游戏中的化身、实现玩家幻想的媒介	媒介定律
								心理：网络游戏中的虚拟自我、玩家的角色扮演、虚拟自我身份的多样性、数字村落的虚拟自我、虚拟与真实自我的混合		

第一部分是绪论，概要介绍本研究的目的、研究方法与研究意义，以及相关研究的现状。丛林中的蔓藤离不开古树，游戏概念在不同学科的研究视野中，定义不尽相同，通过传统游戏相关理论文献综述，理清适合电子游戏理论研究的范畴与方法，勾勒出关于游戏理论的学术史，避免忽略前人所积淀的精粹，并将结合媒介环境学派相关理论，揭示媒介环境在网络游戏对玩家感知模式的影响，完成网络游戏的实践现象向学理探索的转向。

第二部分，对电子游戏发展历史的回顾，并对现状进行分析。电子游戏的发展，不仅是技术进步引发的从简单、抽象的图形到复杂、逼真的游戏视听效果的提升，同时，还呈现出电子游戏人性化演变的趋势。

第三部分，首先对网络游戏的技术前提，即赛博空间进行分析，它超越了人类生命发生于其间的地理空间与历史时间的维度体验，同时，与真实生活的方方面面或多或少地交织在一起。其次，针对数字媒介艺术的媒介属性进行分析，进而探讨网络游戏的媒介特征，揭示网络游戏人机交互、实时生成、拟像操控、交互叙事、块茎结构、沉浸体验的特征。

第四部分，对玩家所生存的网络环境展开探讨，与传统艺术依靠故事驱动媒介相比，网络游戏通过角色扮演参与到游戏情节中，通过情节与关卡连接体验着叙事的情节。通过对互动参与性分类，提出"网络游戏是实现玩家幻想的媒介"的观点，并通过与文学沉浸相比较，探讨网络游戏带给玩家沉浸的原因。

第五、六、七部分是本书的核心部分。玩家在心理上脱离躯体的束缚参与到在线游戏的世界，由此，玩家在生理、物理、心理三个维度发生转变，就此进行深入分析。

第五部分，从麦克卢汉"文字人""电子人"中受到启发，从玩家生理构造角度，提出"数字人"概念，揭示网络游戏为数字人所生存的"数字视听空间"，带给玩家触觉性视觉的感知变化。

第六部分，从玩家的物理角度上，将化身定义为"由人通过计算机控制电脑生成的角色。"强调作为化身的玩家，通过网络游戏媒介实现幻想。避开了肉体交流的此时此地性，而同时却进行着实时的操控。网络游戏将玩家实时地卷入其中，"大脑当下的直觉反应"可以及时地通过操控，传输到屏幕之上。

第七部分，从玩家的心理角度上，探寻玩家在网络游戏媒介所营造的社交空间里，通过角色扮演所塑造的虚拟自我。电脑屏幕上的角色不是镜子中真实的自我影像，而是意识中的自我化身，玩家心目中的角色扮演。玩家生活在虚拟世界里，穿越时空，游走于键盘上，将玩家的意念与幻想投射于其中，形成多元、流变的虚拟自我，并将游戏中的虚拟自我作为"真实自我的一部分"。

第八部分，结合麦克卢汉媒介四元律与洛根的五个时代的划分，勾勒出将网络游戏媒介视为媒介螺旋式上升的模型，揭示出全新的感知互动时代。玩家在游戏中乐此不疲地创建着虚拟生活家园，在真实世界之外，人造出"一个无限扩张的媒介虚拟世界"。

第九部分为结论与展望，作为本书的总结，并对网络游戏未来的可能性进行了探索。

| 绪论 |

第三节
相关研究综述

  国内外很多学者将学术对象聚焦于游戏，相关研究专著与学术文献更是不胜枚举。荷兰文化史学家约翰·胡伊青加认为："游戏是不可能被拒绝的。如果愿意，你可以拒绝一切抽象事物：正义、美、真理、心灵、上帝。你可以拒绝严肃，但却无法拒绝游戏。"他曾将泛指的"游戏"，上升到人类存在的"本体"高度，在他看来，"游戏是生命的一种功能"。他甚至完全颠覆了传统的价值谱系，视文化为"亚游戏"。（董虫草，2005）正如 Wolf 与 Perron 所言："作为新兴的视频（电子）游戏领域其研究理论融合了多样化的方法：包括电影电视理论、符号学、游戏表演理论、文学、计算机科学、超文本、赛博文本、互动性、身份性、后现代主义、游戏学、媒介理论、叙事学、美学与艺术学、心理学、拟像论等理论。"（2003:2）本书研究的视角，将基于以下两类的研究背景：一种是将网游视为艺术，基于网游内部的规则、角色、故事等设计人文学科研究（阿瑟·伯格，2011:145），另一种是将其视为传播媒介的媒介文化研究（Jenkins, 2006）。

一、游戏理论的相关研究

（一）传统游戏理论

1. 游戏的定义

在很多场合、不同领域中，都在使用"游戏"一词。游戏是什么？它们是行为方式，还是社会情景的模拟？它们是古老的仪式，还是魔法仪式？人们回答"游戏是什么"是困难的事情，由于它们是很多的东西，同时，不同游戏的特殊性使游戏具有差异性，它们是什么呢？

游戏有多个语义层次的概念。从广义上看，游戏可以视为有边界的社会互动与传播，也可视为主体在规则的帮助和制约下有目的地在某种相互依赖的环境中有策略性的行动与互动。如果更加具体地描述，它是拥有主题、情节、角色、动作、规则等要素的，动用一定知识和语言，借助各种器物，通过身体运动和心智活动模仿并探索周围世界而获得快乐体验的社会性活动。从狭义方面来看，游戏规则部分能将底层规则、隐性规则、制定权规则明晰化为调节性规则和显性规则，从而有助于我们通过它们去认识和研究其背后所蕴含的问题、现象、价值和意义。即使是对游戏中隐性层面规则的讨论，也都用来在"真实生活"情景或社会性遭遇内容之间加以类比。（李立，2012:3-4）

2. 先哲视野中的"游戏"

在西方关于游戏研究中，具有代表性的有哲学家康德、斯宾塞、伽达默尔，心理学家弗洛伊德、谷鲁斯，诗人兼哲学家席勒，文化史学家胡伊青加、艺术史学家康拉德·朗格等学者，对游戏的本质、属性、特征进行了分析研究，其研究方法、视角各有不同，为本研究奠定了理论基础。

康德通过讨论艺术和审美现象的过程，探讨游戏的目的，比如借助游戏概念来说明他心目中的艺术和审美活动所具有的性质。自由论是康德对游戏的认识。他认为："每一种活动不是劳作（有目的的活动），就是一种游戏（有意图而无目的的活动）。"（转引自董虫草，2004: 20）一方面强调游戏的"无目的"，另一方面强调"有意图"。其"目的"的有无，是强调生命活动的自由与否——劳动是"有目的"的，是不自由的；而游戏是"无目的"的，是自由的。"有意图"是指通过游戏，人类得到情感体验、消遣休闲。

席勒是西方历史上对游戏进行专门研究的第一人。他认为，"自然生物需求的压迫或者说自然的严厉，通过过剩的压迫或者说自然的游戏，过渡到审美的游戏；但是在摆脱任何目的的桎梏而上升到高度的审美自由以前，生物已经在自由活动中接近了这种审美的独立性，至少是相离不远了……"（席勒，1998:120）并将游戏分为"自然的游戏"与"审美的游戏"。自然游戏是动物因物质资料的缺乏而谋求维持生存所进行的活动；而审美游戏则是因生命力过剩而引起的生物对生命力的自我表现与自我欣赏活动，即剩余精力发泄说。

斯宾塞从生理学和心理学的角度探讨游戏与艺术的关系，丢弃了席勒游戏说的主导方面，继承了席勒过剩精力发泄的观念。在心理学上，他认为心理的发展是对某种特定环境适应的结果。他非常强调神经活动和心理活动的适应性，强调经验和行为的不断复杂化是适应过程的一部分……根据这一前提，无论是动物还是人类，其生存和发展都离不开对环境的适应，人和动物在不断的进化过程中使内部关系（生理心理条件）和外部关系（周围的环境）相适应或平衡。在低等动物那里，机体的一切力量都消耗在维持生存所必需的活动上了，所以低等动物在为了生存的功利活动中就达到了平衡。在进化程度较高的动物那里，为了生存的功利活动用不着耗尽一切力量，它们有较好的营养，机体中还积聚着一些要求出路的剩余力量，这剩余的力量就通过游戏得以发泄，因此动物的游戏具有生物进化上的价值……人的游戏也是生命适应外界的一种特殊方式，它虽然对维持生存所必需的活动过程没有直接的帮助，超出直接的功利目的，但是，在游戏中剩余精力能找到一条出路，使各种器官得到练习，为人的低级机能提供消遣，所以游戏无论对个体还是对整个族类都是有益的。（许共成，1988:13-18）总之，在斯宾塞看来，游戏就是在谋生之外的闲暇时间里，在剩余精力的推动下，生命体为了活动本身的利生功效而进行的模仿（虚拟）性活动。

古鲁斯对游戏的认识与斯宾塞相似，即将游戏看作是与现实活动相对立的虚拟活动。认为只有现实与虚拟的差别意识出现后的这个阶段，相对单纯的、以娱乐为目的的自觉活动才会正式出现。与其他学者相区别，他不赞成将游戏看作是无现实功利，认为游戏可以有外在目的性，但这种游戏在存在方式上是虚拟的。认为动物或人在游戏时，除娱乐目的外，总是或隐或显地存在着某些外在目的；因而，游戏常常超过为娱乐而进行的虚拟活动的界限，而成为谋求外在目的的现实活动。（董虫草，2004:71-72）网络游戏在虚拟世界中展开，通过游戏互动，玩家的装备、道具、等级以及获胜的荣誉感已经超出了无功利的互动，成为社交、展现自我的方式。

朗格同康德一样，强调游戏活动的"无目的性"。认为"游戏最显著的特点就是它的娱乐性和无目的性。"（蒋孔阳，1990:621）。朗格将游戏限定在了人的自觉的内在目的活动的范围之内，而将具有客观内在目的的生命活动排除在了游戏之外。朗格的游戏观强调游戏是人为了活动本身的乐趣而自觉自愿地进行的自由活动。同时，朗格还对游戏分类进行了探讨，将游戏分为"感官游戏、运动游戏、智力游戏、技能游戏、机运游戏和幻觉游戏；感官游戏又分为听觉游戏和视觉游戏。"（蒋孔阳，1990:622）朗格对游戏的分类，对当下的游戏类型研究具有积极的参考价值。

在19世纪70年代，游戏理论的研究出现了新的走向，分别是心理学—教育学、文化学—人类学、现象学—阐释学方向。

皮亚杰的游戏理论，是他的认知发展理论的重要组成部分。皮亚杰主要关注物件在儿童游戏中的使用及游戏与探索之间的关系。他在研究儿童象征性功能的形成和发展时，注意到儿童的游戏，并试图通过研究儿童的游戏和模仿，找到沟通感知运动与运算思维活动之间的桥梁。他认为游戏的实质是同化超过了顺应。游戏并非独立的活动，而是智力活动的一个方面，正如想象与思维的关系一样。游戏的存在，不是游戏本身的原因，而是由儿童早期行为的发展与思维的发展不平衡造成的。同化和顺应是皮亚杰从生物学中借用的两个概念，是机体适应外界的两种基本机能。同化意味着接纳和整合，即主体用自己原有的动作图式去整合外部事物，从而加强和丰富自己的动作。顺应就是主体改变自己原有的动作图式以适应环境的变化。同化和顺应之间的协调就是适应或智力活动的特征。由于儿童早期认知结构发展还不成熟，往往不能保持同化和顺应之间的平衡。这种不平衡有两种情况：一是当顺应作用大于同化作用时，主体就会重复范型（人或物）的动作，这时就会产生模仿；另一种是当同化作用大于顺应作用时，主体自身的需要占主导地位，因而较少考虑外部事物的要求，这时就会出现游戏。认为游戏有两个主要作用：一是游戏提供愉快或纯粹的乐趣，如婴幼儿经常长时间地使用一种玩具游戏，或者带着深深的满足感把石头扔到坑里或者水里；二是游戏提供的适应作用，如幼儿经常游戏且最后更能使自身的行为适应真实世界的要求。

文化史学荷兰学者胡伊青加被誉为游戏论之父，认为"眼下这个详细研究的目的是要力图把游戏的概念整合到文化的概念中去。因此，游戏在此不应作生物现象而应作为文化现象来解释。这是从历史的角度而不是从科学的角度来加以探求的。读者将看到，我对游戏几乎不作心理学的解释，无论这种解释是何等重要，同时，我也很少使用人类学的术语和解释，甚至在我不得不援引人种学的事实时也是如此。"（胡伊青加, 2007: 原作者序）他认为一个特征是：游戏是自愿的、自由的活动，具有非日常性、时间空间的特定性、竞争性、规则性和娱乐性。首先，游戏是一种自由的活动，遵照命令的游戏不再是游戏。其次，游戏不是"日常的"或"真实的"生活。它从"真实的"生活跨入了一种短暂但却完全由其主宰的活动领域。第三，它的封闭性、限定性，强调游戏是在某一时空限制内的"演出"。演出有时间的起始与终止，同时，有空间的限制，如竞技场、牌桌、魔法圈、庙宇……这些场所是专门用来表演另一种行为的。另一个特征是：游戏创造秩序，它就是秩序。它把一种暂时的、有限的完善带给不完善的世界与混乱的生活。（胡伊青加，2007:7-10）董虫草对胡伊青加进行了分析与评价："首先，胡伊青加所讨论的游戏主要是群体游戏尤其是竞争游戏，而对个体游戏则很少顾及，因而，他的游戏理论在视野上是不够宽的。尽管他从对于群体游戏的讨论中所得出的某些结论实际上也适用于个体游戏，但这部分结论对于个体游戏的适用性毕竟没有经过较为充分的论证，因而带有一定的盲目性。完善的科学理论应该是对于同类现象普遍适用的，而胡伊青加游戏理论在普适性上还有待进一步论证，这不能不说是胡伊青加的游戏理论的一个缺陷。"（董虫草，2005）胡伊青加的游戏文化理论研究，为游戏文化学研究，起到了奠基性的作用。

弗洛伊德认为梦与幻想是典型的精神游戏。他从儿童游戏入手，认为游戏的儿童"在脑子里形成一个与世隔绝的天地"（弗洛伊德，1987）弗洛伊德将儿童游戏看作是儿童凭借想象进行的虚拟活动。同时，认为游戏现象不仅存在于儿童生活中，也存在于成人的生活中。"当人长大后，他便停止了游戏。表面看来，他已经丢弃了来自游戏的乐趣。不过，任何知道一点人的精神生活的人都会意识到，要丢弃曾尝试到的乐趣，是再难不过的了……因此，当人长大并停止游戏时，他所做的，只不过是丢掉了游戏同实际物体的联系，而开始用幻想来取代游戏而已。他建造海市蜃楼，创造出那种称为白昼梦的东西。我相信，多数人一直到死都不时幻想。这是人们长期忽略的一个事实。"（弗洛伊德，1987:43-44）"白昼梦是童年游戏的继续及替代。"（弗洛伊德，1987:49）与儿童游戏相比，成人幻想是纯粹精神性的，儿童幻想则是身心统一的。在弗洛伊德眼中，成人幻想有两大内容——性幻想和成功幻想，并且他认为梦与幻想都是人的精神游戏。康德等哲学家认为：游戏是与劳动相对立的活动。而弗洛伊德认为："游戏的对立面不是真正的工作，而是现实。"（弗洛伊德，1987:92）他认为"游戏的目的与现实活动的目的是一样的，都是满足人的需要或愿望，游戏与现实活动之间的差异只是达到目的的手段或方式不同——游戏中的人通过虚拟活动满足虚拟性的愿望，而现实生活中的人则通过现实活动来满足现实的愿望。"网络游戏，带给玩家更多幻想的方式，通过曲折的剧情，扮演英雄、正义的角色，完成现实中不可能完成的虚拟任务。

受到胡伊青加的影响，伽达默尔也论述过游戏的封闭性。认为游戏的整体性质在于"游戏者和观赏者所组成的整体。"在这种游戏中，"通向观众的公在共同构成了游戏的封闭性。只有观众才实现了游戏作为游戏的东西。"（伽达默尔，1999:141）他所强调的封闭性，是由游戏者与观赏者共同的。另外，在游戏的自我主体性方面，伽达默尔认为："游戏的真正主体（这最明显地表现在那些只有单个游戏者的经验中）并不是游戏者，而是游戏本身。游戏就是具有魅力吸引游戏者的东西，就是使游戏者卷入到游戏中的东西，就是束缚游戏者于游戏中的东西。"（伽达默尔，1999:137）通过借"游戏"表达不同寻常的解释学思想，赋予其新的含义，将游戏解释成了人的一种存在模式——个体之间互相参与、融合从而形成一个相依互补的整体的存在模式。真正独立存在的主体间性融入到活动本体之中，强调主体间性的融合互动本身，而非参与融合的个体意识。他强调游戏的参与性、再创造性和中介性。

"游戏就是构成物——这一命题是说：尽管游戏依赖于被游戏过程（Gespieltwerden，或译被展现过程），但它是一种意义整体，游戏作为这种意义整体就能够反复地被表现，并能反复地在其意义中被理解。但反过来说，构成物也就是游戏，因为构成物——尽管它有其思想上的统

———只在每次被展现过程中才达到它的完全存在。"(伽达默尔,1999:151)在他看来:作为构成物的真正作品只能是以游戏也即理解活动的方式存在的。精神产品必须经过中介——被接受、被参与、被再创造,才是具有现实意义的活着的或真正的作品。

凯洛易在对胡伊青加的游戏论进行批判和继承的基础上展开了他自己的游戏论(Caillois and Barash, 2001:9-10),并从自由性、分离性、不确定性、非生产性、规则性和虚构性等方面阐述了游戏的属性。

(1)自由性:如果是被迫参加游戏的话,那么,游戏本身的魅力、快乐、消遣等特性也就消失了。

(2)分离性:游戏是被限制在事先明确规定好的时间、空间范围内所进行的活动。

(3)不确定性、未知性:游戏进程与结果不能被事先获悉,一些维度留给了玩家去主动探索。

(4)非生产性:游戏本身不能创造任何商品和财富(网络游戏将虚拟道具与真实货币进行买卖),如果将游戏集团内部所有权的移动这一点另当别论的话,游戏的开始状态与结束状态一样。

(5)规则性:日常生活的法律失去效力,取代它的是暂时的游戏规则。

(6)虚构性:游戏伴有与现实相对立的第二现实,或是非现实的自由意识。

(二)电子游戏理论

国外对于电子游戏的研究众多,来自不同学科领域的学者进行了大量的相关研究。对电子游戏的称呼,也是各有不同,如电子游戏(digital game)、互动游戏(interactive game)、电脑游戏(computer game)、视频游戏(video game)。学者们为了更好地系统研究电子游戏的相关理论,用ludology来进行表述。Ludology派生自拉丁语ludus(相当于英语的game),被用来指代"目前尚不存在的研究,涉及game和play活动的学科"(Gonzalo Frasca, 2003),在这里译为"游戏学"。游戏学的研究者来自不同的学术背景，如艺术、文学、媒介研究或者从事游戏设计的实践工作。

Aarseth认为："电脑游戏是一种模拟艺术，换句话说，是模拟的子类。策略游戏有时错误地被称为模拟游戏，但是所有的电脑游戏都包含模拟。"（Aarseth，1997:3）这样的观点，强调数字游戏是传统游戏的数字化表现形式，原因在于数字游戏中的棋牌类、运动类游戏的游戏规则、内容与传统游戏是一致的或者是相似的，玩家从物理空间转向了屏幕空间进行娱乐活动。同时，Lindley认为"游戏是以目标为方向的并在一定规则框架下的所开展的竞争活动。"（Lindley，2005:34）

Jesper Juul在其博士论文中，提出了新的游戏定义，包括以下六个特征：（Juul, 2003.转引自关萍萍，2012:44）

（1）规则：游戏是基于规则之上的。

（2）多样且可计量的结果：游戏具有多样且可计量的结果。

（3）赋予可能出现的结果以（不同的）价值：不同的潜在游戏结果被分配了不同的价值，有些是积极的，有些是消极的。

（4）玩家花费的精力：玩家是需要投入精力以影响游戏结果。即游戏是富有挑战性的。

（5）玩家依赖结果：即如果有积极的结果就会获得成功和快乐，如果是消极结果就会有挫败感并且不快乐。

（6）可协商性结果：玩同样的游戏（一套规则）既可以有真实生活的结果也可以没有。

Juul认为："游戏是一种规则系统，有着变化的和可以计量的结果，不同的结果被指定了不同的值，玩家尽力去影响结果，并感觉被结果所吸引，此外活动的结果是可选择的和可协商的"。电子游戏的定义是"使用电力而进行的游戏，电脑掌控着游戏规则，并且游戏在屏幕上运行。"（Juul，2011:30.转引自关萍萍，2012:46）并对电子游戏提出了"半真实"（half-real）的概念："半真实是指同一时间的视频游戏，却是两个不同的事物：视频游戏是真实的，因为包含真正的规则并与玩家进行真实的互动，并且游戏中的胜利与失败都是真实的事件。但是，当杀死一条龙赢得比赛时，那条龙并不真实而是一个虚构的。因此玩视频游戏是在想象的虚构世界与真实的规则互动，视频游戏是由一系列规则与虚构的世界构成。"（Donald，1991:1）

二、媒介环境学派视角观照网络游戏的相关研究

传播学由新闻学发展而来，所以内容的研究常常集中于非艺术的新闻范畴，偏重于报纸、广播、电视、互联网的媒介分析，对通过这些媒介进行传播的艺术，较少涉及。胡智峰的《电视传播艺术学》，将"传播"与"电视艺术"相结合，将"电视传播艺术"定义为："传播主体为达到预定目标，对特定传播内容所进行的电视化的'创造性处理'。"（胡智峰，2004）强调电视媒介对传播的影响。莱文森对新新媒介的分类，"按社会功能可分为政治媒介和娱乐媒介。"（莱文森，2011:译者前言）"使用与满足"理论的代表人物麦奎尔认为：一部分受众使用媒介为了"信息满足"，而有部分受众通过媒介使用，是为了娱乐性与形象性（或简单地说为"文化性"而非"信息性"）的情形。（丹尼尔·麦奎尔，斯文·温德尔，2008:121）玩家参与网络游戏的活动中，可以将网络游戏视为一种"文化性"媒介。派恩和吉尔摩认为，与小说、电影等传统"文化性"被动的娱乐式体验媒介相比，玩电子游戏是逃避现实式体验，用户完全沉浸在自己作为主动参与者的世界里。逃避性体验者本身就是演员，能够对体验结果产生积极影响。（B·约瑟夫·派恩，詹姆斯·H·吉尔摩，2002:38）网络游戏需要玩家持续地参与到游戏世界的情节发展中，通过游戏规则与奖励机制，满足玩家的"文化需求"，是"沉浸式"体验。

曾耀农的《艺术与传播》，用艺术与传播相结合的视角进行研究，实现两个学科的外在结合和互动。（曾耀农，2007）随着科技的发展，艺术因其传播的广泛度和特殊性，已开始在更加深广的层面上影响着人类社会。艺术创作、接受方式、受众主动选择性等特征需要从传播学的角度进行思考。（王廷信，2011:331）国内首位研究电子游戏的博士关萍萍认为：作为互动媒介的电子游戏，将新媒体的特征表现到极致，以其全新的互动性、叙事性等特征构建出的全新的信息传播模式，昭示了未来新媒体的发展趋向。通过电子游戏为剖面，观照新媒体的发展及其整个媒介生态的变化趋势。（关萍萍，2012:5）

媒介分析为游戏研究带来新的视角。"对电子游戏进行媒介研究，而非内容的分析，媒介环境学对游戏的研究成为游戏研究中的一个很好的典范。"（Bogost, 2009）麦克卢汉将游戏作为他研究的26种媒介之一，他认为游戏大众传播媒介，是认同设计的情境，旨在容许很多玩家同时参与他们自己团体生活中某种有意义的模式。它不是个体的延伸，而是社会肢体的延伸。（麦克卢汉,2000:303）媒介环境学派基于人与媒介的关系与互动，尼尔·波斯曼强调："媒介环境学的主流是研究媒介转变产生的文化后果：媒介如何影响我们社会组织的形式、我们的认知习惯和政治理想？"（转引自王冰,2010）网络游戏、手机游戏已经成为人们日常生活中的重要组成部分，媒介视角的研究，将更加深入地探讨与分析易被忽视的媒介本身。

媒介环境学派的领军人物麦克卢汉，其"媒介即讯息""媒介是人的延伸""地球村"等洞见至今令人称道。在他生活的时代，电视作为最兴盛的媒介，成为他研究的主要对象。然而，他并没有将目光局限在电视这一种媒介上，将交通工具等媒介也纳入到研究视野中，广泛的研究兴趣，使其将研究对象进行马赛克般的并置，展现出敏锐的洞见力，将媒介特征进行了精细的剖析。他同时对游戏进行了相关的分析与阐述，认为"游戏——人的延伸"。遗憾的是，麦克卢汉并没有等到他预言实现的网络

| 媒介环境学派视角下的 网络游戏玩家研究 |

时代到来，就匆匆离世，更没有看到网络游戏的新特征将其预言发挥得淋漓尽致。梅罗维茨《消失的地域》中强调电子媒介环境重塑行为的程度远远超越了它所传递的具体信息，尽管他没有对网络游戏加以考察，但其"地点和媒介同为人们构筑了交往模式和社会信息传播模式"（梅罗维茨，2002:34），这对媒介环境学视角进行网络游戏媒介研究的提供了参考。波斯曼从麦克卢汉的"媒介即信息"中受到启示，认为每一种媒介都为思考、表达思想和抒发情感的方式提供了新的定位，从而创造出独特的话语符号。同时，他又对麦克卢汉的观点进行了修正，将信息与隐喻加以区分，认为"它们（媒介）更像是一种隐喻，用一种隐蔽但有利的暗示来定义现实世界。"（尼尔·波斯曼，2010:11）梅罗维茨与波斯曼对电视媒介文化的研究，对当下的游戏媒介研究，起到了观照作用。

有着"数字麦克卢汉"美誉的莱文森，在其研究中，对网络游戏"第二人生"进行了分析与研究。认为"'第二人生'也是我们真实生活的一部分，像其他一切新新媒介一样，它也存在于互联网的母体中，并最终证明，它将改变我们真实生活的乐趣、爱情、政治和商务活动。"（莱文森，2011:145）戈夫曼的拟剧论（戈夫曼，2008），对网游游戏玩家的角色扮演提供了重要的理论来源。通过玩家对不同的角色扮演与行为实施，网络游戏带给玩家多样化的游戏结果。网络游戏中建立的社会网络完全不同于玩家切身的现实社会环境。网络游戏将不同文化、信仰、历史根源、道德标准的玩家进行融合。这样的情况，在现实生活中不会存在。（弗里德里，2006:19）

媒介环境学派的微观视角研究，如尹鸿的《电视媒介：被忽略的生态环境——谈文化媒介生态意识》，如林文刚将卡拉OK作为一种媒介形态和文化活动，通过卡拉OK对人的观念、行为和社会互动分析，理解其技术交互性对传播与文化的作用。（Lum，2012）网络游戏，将世界各地的玩家链接在赛博空间的同一时空中。"我们正在走向一个新新媒介创造的文化、新闻和娱乐的世界。"（莱文森，2011：中文版序）"媒介就是新的'自然'、新的环境。新媒介不是人与自然的桥梁，它们就是自然，新媒介不是虚构的、虚幻的，他们就是真实世界。"（陈默，2010:1）波德里亚认为后现代世界是一种超级现实，其中的模态与语码决定了思想与行为，而娱乐、信息和传播等媒体则提供了比诸多乏味的日常生活更强烈和更有包容性的经验。在这种后现代的世界中，个人放弃了"现实的沙漠"而转向超级现实中的狂喜以及由电脑、媒体和技术经验构成的新领域。（道格拉斯·凯尔纳，2004:505）

洛根在《理解新媒介》中，对电子游戏特别加以分析，认为："在某些方面，电子游戏为游戏者提供了新的身份，游戏者与游戏互动，在多人合作的游戏里，游戏者还彼此互动，新的身份由此而生。"（罗伯特·洛根，2012:147）

这些研究，为艺术与传播的跨界研究提供了理论的支持与思考。本书讨论的游戏媒介的基本特征以及玩家在网络游戏世界中化身性、社区性等问题的相关研究，基于Chris Crawford（克里斯·克劳福德，1992）和胡伊青加（胡伊青加，2007）在该研究领域所做的前瞻性研究。胡伊青加认为，人是游戏者的思想扩展了"智人"（人是思考者）和"劳动的人"（人是制造者）底下的思想。（转引自弗里德里，2006:17）关萍萍其著作《媒介互动论：电子游戏多重互动与叙事模式》中认为全新的互动模式带给玩家个性化选择的"过程叙事"样态，导致了叙事意义体系无固定的结构，意义多样化、片段化。（关萍萍，2012）国内对于网络游戏的研究近几年呈逐渐上升趋势，但仍处于起步阶段。陈默的《电视文化学》中交流—对话功能、观众中心观点，以及《媒介文化：互动传播新环境》中对媒介文化重构人类生存新环境的分析，为本文的研究起到了重要的理论启发。

CHAPTER 01

Chapter 01
第一章 电子游戏的历史与现状

从 20 世纪 70 年代至今，伴随着硬件技术的不断提高，电子游戏飞速发展。不仅是视听效果大大提高，游戏的种类与内容也日新月异。本章节对电子游戏的历史与现状进行回顾，并未将历史长河中的每一款游戏一一列数，而是选取每个时代中有代表性的游戏，进行分析。

第一节
电子游戏的历史

一、1970年代的游戏：白色光点的运动

（一）《乓》

1958年，世界上第一个视频游戏在模拟计算机和示波器上显示。此时的计算机仅仅是为了吸引参观实验室的游客而设计的具有交互性的媒介。通过模拟计算机和一个示波器，显示出简单的"网"与闪烁的"网球"，游客通过两个控制箱控制"网球"的运动，以速度、引力、弹力对网球产生影响。令人惊奇的是，这款《双人网球》（TENNIS FOR TWO）程序，在展览结束后就拆除了。（恽如伟，陈文娟，2012:22）发明这款程序的Willy Higinbotham博士绝对没有想到，这样的一个小创意游戏，在五种不同的电子媒介平台上开花，日后发展成为电视游戏、街机游戏、掌上游戏、电脑游戏和手机游戏。

1962年，在读的麻省理工学院的学生Steve Russell和他的几位同学一起设计出了一款双人射击游戏 Space War。游戏规则非常简单，它通过阴极射线射电管显示器

来显示画面，并模拟了一个包含各种星球的宇宙空间。在这个空间里，重力（引力）、加速度、惯性等物理特性一应俱全，而玩家可以互相用各种武器击毁对方的太空船，但要避免碰撞星球。*Space War* 是世界上第一款真正意义上、可娱乐性质的电子游戏。它是真正运行在电脑上的第一款交互式游戏。1965 年，恩格尔巴特在斯坦福德研究实验室发明了鼠标，3 年以后，他设计的人机交互界面大大改变了人们操作计算机的习惯。

1972 年，ATARI（雅达利亚公司）的街机游戏《乓》（*Pong*）（图 1-1）问世。游戏背景是黑色的，中间通过一条白线进行两个区域的分割，白色方块作为乒乓球在黑色的屏幕上反弹、移动，玩家根据球的空间变化，挑战、控制球拍，看上去很简单，但球的运动是根据复杂的动力学原理，进行计算的，在长时间的游戏过程中，球会加速，提高难度的级别。从游戏体验者的角度来看，游戏具有激发挑战的直观操控性。一方面，为不同弹射角度创造了多种可能性，带来更多的惊喜，促成了开放性的各种战略选择。另一方面，球的加速运动建立起令人兴奋的挑战增加体验，并且控制逐渐变得更加困难。

尽管《乓》游戏简单，但它具有互动娱乐游戏的基本特征。在数字游戏早期的空间动态，除了具有竞争性冲突的基本动力外，它的成功同时还取决于核心玩法中的三个关键因素：①易于学习的控制；②熟悉的游戏机制；③由多人互动所产生的无限变化。

《乓》作为投币式街机放在酒吧的角落中，从玩家的游戏体验上看，它成为未来的数字游戏中手眼协调互动游戏的前期试验。球的控制是基于简单的物理的反弹、防御和一丝的运气。《乓》是一个多人游戏的开端，在一个休闲的酒吧环境中，两人的虚拟对抗，为消遣活动带来了更多的乐趣。在商业上取得了成果，当年 ATARI 的工程师把这台机器放在了加利福尼亚森尼韦尔（SUNNYVALE）市的一家弹子房内，两天之后弹子房的老板就找上门来说机器出了故障，无论如何也不能开始游戏了，ATARI 的人

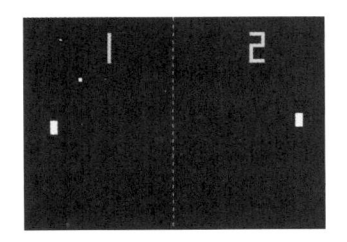

图1-1 《乓》的街机游戏截图

前去检修的时候，惊讶地发现造成故障的原因是玩家投入的游戏币把这台机器给塞满了。（恽如伟，陈文娟，2012：29）后来，《乓》游戏程序不仅限于街机，同时移植到其他的操作平台，如家用游戏机与个人电脑，从此在来自不同制造商的无数模仿中再现。

这种交互式的电子游戏的编程软件与硬件设备是非常重要的技术前提。尽管这款游戏是刚刚开发出来的游戏，玩家对它并不陌生，即游戏本身的规则玩家已经非常熟悉。网球、乒乓球、壁球等球类运动，其核心游戏设计是来自已知运动项目的一部分，而不是一个原始的发明。1975年，通用仪器公司（GI）已经制造出了六场比赛在一个芯片的集成电路：四个是《乓》的变种和两个射击游戏，提供给其他制造商。70年代初，视频游戏行业诞生以来，《乓》在其中起到了开创性的作用。（Mäyrä，2008：60）

虽然取得了商业上的成功，但早期的电脑游戏与今天的电脑游戏有着根本的不同。玩家在屏幕上移动一个点或简单的几何形状，按下一个按钮来完成射击。有着现在游戏世界不支持的各种车辆、武器，甚至不同等级的。早期的游戏虽然有较差的显卡，但经常被引用作为现代游戏非常重要的成功因素的是——沉浸感，当时的玩家在屏幕上控制抽象的形状，这需要玩家想象力的沉浸。街机的一代，又被称为摇杆的一代，通过控制方向的摇杆和几个按钮，操控屏幕中的简单图形。

（二）《太空侵略者》

与《乓》相比，《太空侵略者》（图1-2）既有相似之处，又有明显的差异，可以被视为数字游戏设计领域中的进步。游戏和它的显示已开始变得更加复杂，但对玩家而言，游戏具有简单的规则和易操控性。

一些历史学家认为，《太空侵略者》是第一个成功脱离使用数码复制原则（或修复）的老游戏模式的原创性游戏（Mäyrä，2008：63）。但是我们仍然可以看到，传统游戏涉及的元素出现在《太空侵略者》的游戏中。新颖的射击比赛为主题，以对抗入侵的外星人的激光防御为游戏背景，

图1-2 《太空侵略者》的游戏截图

从而有效地创建简单的核心概念。冒险的场景,配合插画表现,《太空入侵者》成为50年代的弹珠台游戏与漫画混合的一个新游戏。

《太空侵略者》游戏通过移动激光炮塔向左侧或右侧而试图躲避敌人,以及有节奏地下落的外星人和偶尔出现的不明飞行物。开始时你有三个炮台(或激光炮塔)试图阻止外星人入侵,如果外星人降到屏幕底部则游戏结束。三门激光炮是游戏的一个有趣的元素。

《太空侵略者》的关键发明是组合:①不断加速和加重的比赛节奏。②高得分数值记录。第一个元素说明了游戏的重要性,显出游戏的挑战性与对抗性特征;甚至可以通过绘制的难度张力曲线的估计,对作为时间函数的强度来分析一个游戏(Friedl, 2003:243)。由于分数的记录,这简单的统计设计为多人参与视频游戏带来了重要的结果。玩家不仅可以记录自己在比赛中的进步,也可以与以前的最高纪录的其他玩家进行比较。游戏纪录对其他玩家产生了新的影响。

游戏中的高分纪录榜可以被看作"游戏可玩性与社会性的一个例子。可玩性是一个概念,是与可用性相对照而言,"这个定义源于国际工程标准和多样性的人机交互专家关于其属性的研究,如易学、容易记忆和有效使用。(Nielsen, 1993)"可玩性"经常伴随着思考"可用性"的过程,但有时也等同于游戏,整个游戏的品质,包括图形、声音或强度的相互作用等方面的品质。一种新型的"可玩性"分析，可将其分为四个主要部分组成：功能可玩性（大致相当于游戏软件及控制）；结构性（如何很好地平衡游戏规则和激发挑战），视听性（怎样的声音和图形实现将影响到游戏体验）和社会性（关于社会游戏行为是否合适）。（Järvinen, 2002b:29-38）高分榜是一种交流与沟通，它传达的信息是谁玩了这个游戏以及所达到的程度，信息对玩家产生了激励的心理暗示，鼓励玩家超越他人，把名字记录在高分榜上，起到展示的作用。在当今的数字游戏中，与其他玩家互动沟通的方式要比之复杂得多。

《太空侵略者》在视听方面有着重要的突破。单声道的配乐，为游戏增添趣味性与紧张感。尽管是基于单色视频技术，《太空侵略者》游戏图像中出现了彩色的月球景观，创造了游戏屏幕的深度。它已经是一个相当复杂的射击游戏，因为它包含在从事太空战导航到多个方向。随着越来越多的游戏设计依赖于类似的瞄准和射击互动的方式，它成了自己的范畴，它开始谈论"射击"作为自己的既定惯例体裁的意义。

二、1980年代的游戏：角色参与的舞台

（一）《吃豆人》

《吃豆人》（图1-3）是一个重要的里程碑式的游戏，其不具威胁性的主题，但具有挑战性和令人兴奋的模式提供了一个未来家庭视频游戏的典范。一些研究表明：突出的人物和故事情节背景，是日本视频游戏成功的主要原因。克里斯·科勒指出，日本的视觉一代在20世纪80年代初，沉浸在动画和漫画之中。日本游戏设计师们迅速意识到游戏体验的实现可以通过创造具有识别性的角色、探索幻想空间以及设置基本的故事线索来增强游戏的可玩性。（Kohler, 2005:16-24）

玩家扮演的吃豆人角色，要在迷宫里成功地驾驭角色不断地吃掉豆子，成功地收集与完成进食的多项任务并得到特别奖金，不断地了解和预测幽灵的运动路线并要逃避

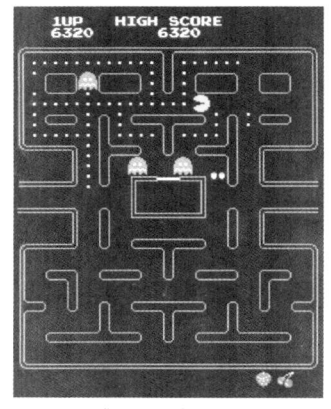

图1-3 《吃豆人》的游戏截图

幽灵的追杀。简单的游戏规则，直观的游戏界面，并不是特别复杂，但面临着未知的挑战。在传统的棋牌游戏中就存在"吃"的规则，与此同时，吃豆人游戏的场所好似迷宫，这个游戏的内容已经是源于传统游戏的变形。

传统游戏中难题需要使用一个人的智慧来解开谜团。通常情况下，它没有这么多的挑战，也不要求玩家的速度与技能，仅仅需要玩家的智慧。而视频游戏如拼图一样的 *Pac-Man*（或其更高版本——著名的"俄罗斯方块"）链接了传统的谜编程机芯，有效地产生了一种别样的"生活难题"，需要玩家实时的参与和反应。

《吃豆人》不仅是视频游戏，同时，从虚拟屏幕走向了真实世界，成功地演化为商业品牌，如 *Pac-Man* 的玩具、麦片、午餐饭盒等，成为流行文化，被誉为"有史以来最成功的视频游戏"。一定程度上，这反映了提高游戏品牌知名度对行业的影响，也反映出虚拟游戏中的符号元素在现实世界中的影响力，一系列相关的许可产品，特别是针对儿童和年轻人的，包括游戏、玩具、书籍和电影，所有都链接到同一个强大的品牌。（Kline, 2003）

《吃豆人》如此广泛地被大家接受，原因是多样的。首先，它的角色特征更加直观，比抽象的图形更具有情感化与识别性。早期街机游戏更多的是打打杀杀的战争游戏，玩家控制着武器、炮火与飞船。吃豆人的角色则更加中性化，它是一个可爱的"生物"，吸引着很多女性玩家的加入。*Pac-Man* 的设计师岩谷彻（Toru Iwatani）接受采访时说："你会记得，在那个时候，有与打打杀杀有关的许多游戏，如生物来自外太空。而我感兴趣的是开发适合女性游戏爱好者的游戏。不是先设计游戏的性格，而是从饮食的概念出发，专注于日本词'口'，这意味着'吃'。其图形来源于午餐吃的比萨饼。"（Kent, 2001:141）

（二）　角色扮演游戏

1974 年，《龙与地下城》（*D&D*）作为第一款角色扮演游戏（RPG, roles play games）进入大众玩家的视野。角色扮演游戏，其来源于小型战争游戏和幻想文学，不像其他游戏那样，强调玩家通过游戏取得胜利，而希望玩家沉浸在另一种幻想的场景——角色与他们一同生活。《龙与地下城》中，一个典型的游戏活动是由"地下城主"（DM,dungeon master）向玩家介绍奇幻的世界，DM决定并描述非玩家角色（NPCs, non-player characters）、队伍的遭遇（遭遇常常采取和"怪物"战斗的形式）、这些互动发生的背景以及在玩家的选择和动作影响下遭遇会造成的结果。在《龙与地下城》中，"怪物"是一种通称，用来表示任何可能的敌人，像动物、畸形的生物和神话生物。《龙与地下城》有着大量的规则去帮助DM做抉择，这些规则涵盖许多主题，如：社会互动、魔法的使用、战斗、环境对玩家角色造成的效果。在游戏过程中，每位玩家都要决定自己所扮演角色的行动，并与其他玩家角色们进行互动。这些角色活动是玩家以口头或文字的方式来表达，同时也会用到逻辑能力、基本算术和想象力。一场游戏通常会进行很多次聚会来完成一场冒险，而再继续下去进行的一连串冒险，则被叫作"战役"。玩家的怪物和其他非玩家角色（NPC），也是仲裁在任务运行中涉及的游戏机制。玩家采用玩家和非玩家角色（电脑），共同用DM创建了拟采取的行动。总括而言，在传统RPG的核心是战略游戏和互动讲故事的混合形式。

这些早期的冒险游戏的界面是完全基于文本，因为通常这是唯一能显示的终端，玩家会读到的描述如屏幕类型命令"北上"或"拿匕首"。由一个特定的程序（称为解析器）解释的文本输入和游戏会作出相应的反应，用新的文本输出，呈现在屏幕上。现在，文字冒险游戏是几乎已经绝迹了，但在早期的个人电脑时代（20世纪70年代末80年代早期），他们曾经是最受欢迎。但是受到技术的限制，不容易展示图形、图像，因此，用键盘输入文本与计算机进行互动。（Montfort, 2003）

角色扮演的一个重要阶段是*Roguelike*游戏，被视为最早的图形界面冒险游戏。它提供简单的图形界面，从上向下的地图上布有房间和走廊，这些图形都是由ASCII字

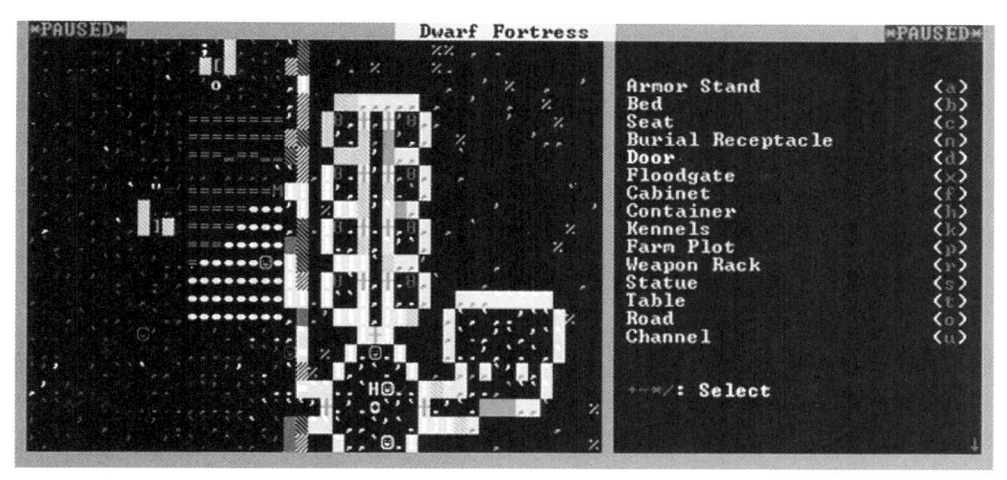

图1-4 《上帝之城》的游戏截图

符编排的,如《上帝之城》(图1-4)。游戏具有高自由度以及随机生成性。即使是 20 世纪 90 年代高度图形化的畅销游戏《暗黑破坏神》,也可以被认为是接近这种类型,在对其探索游戏核心玩法的基础上,ASCII 编码接口将游戏动作转化为完全不同的游戏体验。与目前流行的电子游戏相比,*Roguelike* 需要玩家通过想象力完成游戏的参与。

游戏《创世纪》(*Ultima*)的游戏设计师理查·盖瑞特(Richard Garriott)认为:"《创世纪 4:胜者创奇》(*Ultima IV:Quest of the Avatar*)(图1-5)无论是在游戏自身的优点以及感染力和流行元素方面,都是非常重要的游戏。电子游戏作为日益成熟的表达媒介,将表现出曾经只有小说电影所能表现的主题。"(Mäyrä, 2008:81)

"打怪升级过关!BOSS!BOSS!大 BOSS!"传统 RPG 的模式被 1985 年诞生的《创世纪 4:胜者创奇》彻底打破。游戏《创世纪 4》的历史贡献主要不是来自它的视听技术,角色扮演机制捉着游戏控制。所有大多已经被在早期开发的游戏(尤其是《创世纪 3》),主要的变化是以更严谨的态度提出了:《创世纪 4》试图使用游戏的方式来建立一个故事表达其哲学和伦理意义的信息。不可回避的是,这是由玩家进行操作,玩家很可能持有玩游戏

图1-5 《创世纪》的游戏截图

的态度，而不是一个角色沉浸和伦理思考。游戏强调玩家自由探索性，每个玩家通过自己的世界看到不同的世界。与"剧本"和"模拟"方式相区别，玩家第一次真正在游戏中实现了角色扮演，必须历经八种美德的考验，体验虚拟世界的真实人生。

《创世纪4》中，玩家进入圣者的游戏世界，从传统中有的英雄与冒险家的角色突然陷入了不列颠尼亚的幻想境界。从一个吉卜赛女人回答问题的初始场景，玩家面临着伦理道德选择。圣者的任务是要寻找《美德圣典》（*Book of Codex*），又叫作《终极智慧圣典》（*The Codex of Ultimate Wisdom*），并将之带给不列颠尼亚的人们，把他们引往正途。所以游戏不再有之前的任意杀戮和盗窃等犯罪行为，否则玩家将很难升级和完成任务。从这时起，在电脑游戏中的战斗和导航中，不再要求手与眼协调敏捷或技能的特殊要求。玩家在探索广阔的世界过程中，充满了潜在的敌人和朋友，通过走路、战斗、魔法和对话等行为的信息中了解和掌握复杂的难题。（Mäyrä，2008:83）

三、1990年代的游戏：虚拟真实的3D世界

随着计算机运算速度的提升，游戏的画面视觉效果有了进一步的改善，电脑能够提供逼真的图像和声音。电脑游戏玩家们不再沉浸在抽象、单色的图像世界中，不只是控制四色框格的屏幕上移动，他们能够在一个256色的环境中快速移动，是更加逼真的虚拟世界的体验。此外，越来越普遍的电脑网络连接，是多人游戏、多人联网游戏的新领域。一些学者认为20世纪90年代是3D游戏的时代。（Järvinen, 2002a:70-91）如《神秘岛》（Myst）是20世纪90年代游戏，有其复杂的故事和令人印象深刻的视觉世界，大部分依赖于静止图像，逐渐被新的玩家通过点击鼠标在电脑上运行，实时预算的图形由成百上千万的多边形为单位的图形构成，从形状、颜色到物体的表面纹理、灯光、渲染等都具有更好的视觉效果。（Mäyrä, 2008:91）

2000年，PlayStation 2（PS2）为技术公司追求另一步更逼真的虚拟世界。由于数字技术，媒介形式出现了融合的趋势：可以使用同一个设备玩游戏、看电影、上网冲浪和网上聊天，这个设备可以是游戏机，也可以是个人电脑或者是互动电视。詹金斯指出，技术趋同并非如媒介融合一样，因为媒体是传递信息，生成意义。媒介融合的最重要的方面是，它代表了一种文化的转变，鼓励消费者寻求新的信息，使分散的媒体内容之间跨平台连接。（Jenkins, 2006:3）

三维的概念作为一个数字游戏的新时代的标志，不仅关系到一个特定的计算机图形技术，也为一个更大的趋势、更真实的模拟而计算，例如，在一个交互式的模拟环境，日益强大的计算机依据物理定律的特征来重现现实。在20世纪80年代末，很多学者对"虚拟现实"（VR）抱着极大的期望，这被视为终极未来媒体技术。目前，立体虚拟现实护目镜和触觉反馈手套继续有一些实用的特殊用途，

图1-6 《毁灭战士》的游戏截图

但视频游戏主流朝向另一个方向，下面的案例提供了关键性方向，在讨论游戏研究这种发展的结果。

1993年推出的射击游戏《毁灭战士》（DOOM）（图1-6）的发行，对于大多数玩家和游戏的历史学家而言，具有里程碑意义。《毁灭战士》的游戏核心概念与早期的经典《太空侵略者》相似，要求玩家为了一个简单而又清晰的存活挑战，不断地向移动的目标射击。但是，从设计水平而言，《毁灭战士》与早期的射击游戏有较大的差异：玩家通过第一人称视角在虚拟现实的三维环境中进行游戏，其空间感对玩家的游戏体验产生了重大影响。同时，《毁灭战士》能够记录玩家游戏的整个事件，并生成一个视频录像文件。游戏玩家可以通过网络，将其分享，数字游戏已经转变成了具有更多观众的体育活动，玩家可以欣赏其他玩家的游戏成果。

这个游戏具有两个独特的游戏特征：其一，在三维环境中自由运动；其二，第一视角的快速射击游戏风格。

（Mäyrä，2008:101）三维游戏环境，更加进一步模拟了真实世界的情景，玩家通过第一人称自由操控角色，进一步调动玩家直接参与到游戏的当下互动之中。《毁灭战士》与第一人称射击（FPS，first-person shooting game）被认为是先进的技术，是数字游戏革命性的新形式，无法形容的恐怖和纯游戏极乐，《毁灭战士》预示着视频游戏中的范式转变。

用简单的规则在有限的游戏空间给玩家提供无限的发挥而闻名，虚幻竞技场或使用更精细的空间陈述阶段的冲突。其他游戏，灵感来自《龙与地下城》，提供探索性空间，在那里玩家完成任务，解决挑战或收集宝物。在探险游戏，玩家控制一个水平，通过击败敌人，完成一个难题或干脆推进通过障碍，而得到允许进入下一个精彩的世界，反映出这种游戏对空间的探索，设计师将这些世界的"复活节彩蛋"（隐藏的宝藏和秘密的区域）展现给玩家作为奖励。

游戏《毁灭战士》延伸到当时青年文化的其他产品：如游戏的立体声音乐效果、砰砰响的摇滚音乐和恐怖科幻小说的主题相结合，而它的工业环境和爆炸的视觉效果甚至可以被视为类似《终结者》等关于外星人和死亡的邪恶系列电影相提并论。游戏《毁灭战士》应该可以视为在当时大众文化及其社会环境下的产物，而不是在数字游戏史上一个孤立的事件。

四、2000年代的游戏盛宴：走向网络互联空间

在20世纪90年代初，新媒体与"网络空间"走入大众日常生活。千年之交，数字文化带给人们更多的转变。麦克卢汉的"地球村"通过数字的方式进行连接。人们通过手机和电脑，将意识延伸，通过网络，进行社交和购物等网络新生活。多人在线游戏在这个时候也呈现出迅猛发展的趋势。

网络游戏与单机游戏是相区别的，是指玩家必须通过

互联网连接来进行多人游戏，一般指多名玩家通过计算机网络互动娱乐的视频游戏；单机游戏模式多为人机对战，因为其不能连入互联网而使玩家与玩家的互动性差了很多，但可以通过局域网的连接进行有限的多人对战。多人游戏往往是网络游戏，该游戏玩家们在物理上分离，但将其各自机器——无论是个人计算机或游戏机或手持设备，经由网络连接起来。然而，多人游戏，特别是早期那些没有网络的游戏，通常情况下，是将用户轮流演奏于同一台物理机器上。在图1-7中，多人游戏和网络游戏部分是重叠的，但不是对方的子集或超集关系。

多人游戏可以分为许多形式，一些传统的形式是两人共用相同的一台游戏机和游戏环境，各有自己的一套游戏控制，如《太空大战》《乓》。后来出现了分屏技术，两个玩家通过多台计算机或游戏机连接在一起，可以按照自己的速度来探索游戏环境，它们可以互相沟通交流，每个球员都有自己单独的屏幕。多人游戏的一个重要特征是，一个玩家的游戏活动可以被一个或者多个其他玩家观察与共享。威廉姆斯认为：在线多人游戏的兴起意味着游戏的社交性质增强，而不仅是玩家通过游戏了解彼此或者身体的满足。当代游戏借助电脑网络，打开了新的社交之门。这将影响我们社交建构方式。（Williams，2006）网络游戏中一个重要的部分是与其他玩家的交流沟通，通过了解其他玩家行为，来掌握自身团队的能力。在游戏中，一个团队遇到挑战所带来的成功感超过一个人在游戏中的孤独

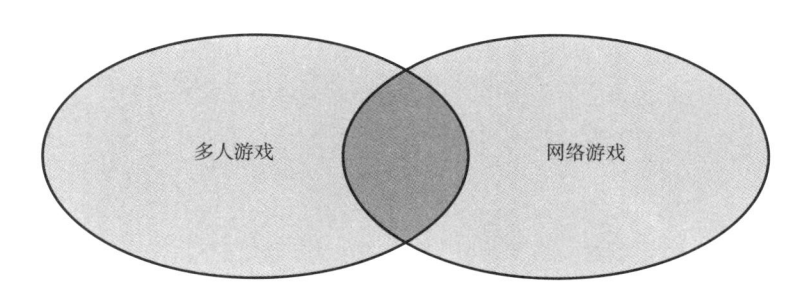

图1-7 多人游戏与网络游戏的异同

感。玩家团队成为了网络游戏的一个重要特征，也成为后来许多网络游戏的发展方向。

在 20 世纪 90 年代末和本世纪初，出现越来越多的数字游戏新类型。在游戏核心特征上，与基于文本的泥巴 *MUD* 相似，但他们看起来不同。这些新游戏被视为"虚拟世界"，通过更加逼真的角色与场景画面，展现游戏内容。

20 世纪 90 年代后半期，图形虚拟时代出现了几个著名的游戏，它们被称为"大型多人在线角色扮演游戏"，缩写为 *MMORPG*。这些游戏继续桌面纸笔角色扮演游戏的游戏风格和电脑 *MUD* 角色扮演游戏，但他们在视觉上更像 90 年代的图形动作类游戏的后代。但是，*MMORPG* 的游戏与 3D 射击游戏有着明显的不同。当玩家玩《毁灭战士》时，关注更快的响应速度，因为游戏要求玩家的技巧与精准度。网速带宽不够，滞后或延迟网络连接到服务器，会直接影响玩家的操作结果。而 *MMORPG* 战斗则完全不同，它是基于《龙与地下城》模式的角色扮演游戏的战争游戏：玩家参与的战斗并不基于技能。《无尽的任务》(*EverQuest*) 游戏重点不在于手与眼的协调能力，而强调在虚拟世界的游戏策略和其他方面。

虽然 20 世纪 90 年代初就曾有过大量的图形界面在线游戏，但是游戏《子午线 59》(Meridian 59) 是被公认的第一个面向互联网的商业大型多人在线角色扮演游戏。现任索尼在线娱乐公司发展副总裁、当时在 3DO 公司工作的里奇·沃格尔（Rich Vogel）曾说："《子午线 59》是领先于它的时代的。它是第一个真实的基于互联网的游戏，而非架构于私人网络的游戏。《子午线 59》是第一个基于互联网的，真正图形化的'泥巴'（MUD）。在那时我们有最广泛的参与人群，我们世界里的每个服务器上都有 250 人，共有 12 个工作服务器，在那时是最大规模的。"（刘健，2006:146）图形与图像的意义已经发生改变，从早期的低像素简单图形发展为三维仿真的立体世界。这种飞跃不仅仅是一个游戏视觉量的变化，而是一个质的飞跃，提升了玩家的游戏体验。三维交互式的表现提升了视听品质和玩家的游戏感官沉浸。而富有想象力的沉浸在游戏界面同样不依赖于图像，玩家更依赖于在游戏中基于文本的二维图像小说。

《无尽的任务》首次将一个名叫 Norrath（诺拉斯）的勇士带入非常真实的剑与魔法世界。在这个世界中，有蛙人、半身人、矮人和精灵等 14 个种族与 16 个职业供玩家选择，有着不同的性格和外貌，玩家可以进行多重角色扮演。玩家将大量的时间投入虚拟社区的游戏与交流中。在《魔兽世界》的游戏中，即使是大多数没有投入长时间游戏的玩家，由于与其他玩家共同游戏和交流，也产生了社会存在感。在其他的在线游戏中也会出现同样的感觉。《无尽的任务》玩家可以被认为是言语社区，有一定的语言特征，其中一些是典型的网上聊天，讨论一些独特的出世，吸引人花太多的时间在这个游戏。从游戏研究的角度来看，虚拟游戏世界中不断扩张的网络社会，虚拟的地理和游戏机制仍然是最具挑战性的课题。几乎所有现实生活在游戏里可能都会找到其对应的虚拟世界。

第二节
电子游戏现状

一、电子游戏的类型

从20世纪70年代至今，电子游戏内容日新月异，种类繁多，如同电视节目的内容一样，千变万化。Aarseth认为"电脑游戏不是一种媒体，而是不同类型的媒体……电脑游戏内部媒介的巨大差异性使其以往的媒介观念几乎失效……尽管电子游戏都属于同样的媒介形式，有着相似的共同性，但是把它概括为电影、故事或者进行常规性概括的行为，是不恰当的。"（2001）就像维特根斯坦论及"语言""游戏"时所说，"我们看到一种错综复杂的互相重叠、交叉的相似关系的网络：有时是总体上的相似，有时是细节上的相似"（2003L:233）。媒介环境学派，更加关注于媒介本身的研究而非内容的研究，然而，又不能脱离内容，孤立地看待媒介，因此，在研究媒介的过程中，结合了内容的相关案例进行深入的分析。在深入分析之前，需要从类型上进行归类，以便更好地展开讨论。

（一）按照游戏平台分类

美国游戏产业协会根据游戏平台类型分为：单机游戏、电脑游戏、在线游戏、无线游戏，四大类别。中国版协游戏工作委员会对游戏作品的分类如下（图1-8）：（中国版协游戏工作委员会，2013:72-76）

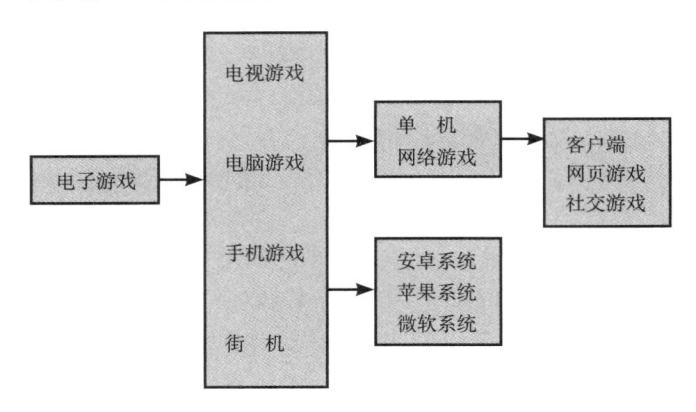

图1-8　按照游戏平台分类

（二）按照内容架构分类

对于游戏类型的初创、发展、演变的"类型研究"在国外游戏研究中，已经成为重要领域。根据互动内容的不同，Wolf将游戏分为40种类别，包括在以下列项类型之中：抽象、适应、冒险、人工生命、棋类游戏、捕获、纸牌游戏、追赶、追逐、收集、战斗、演示、诊断、闪躲、开车、教育、逃生、飞行、赌博、互动电影、管理模拟、迷宫、障碍赛、铅笔和纸的游戏、弹珠台、平台、编程游戏、益智、测验、赛车游戏、角色扮演、节奏和舞蹈、真人射击、模拟、体育、策略、桌面游戏、目标、文字冒险、模拟训练和实用程序。（Wolf and Baer, 2010）这样的分类方式，非常具体，但过于复杂。在电子游戏行业，通常将游戏分为八大类（表1-1）：

需要注意的是，一款游戏并不一定只有一个特点，可能综合了多种类型的特点，业内称之为复合型游戏。"2013年上半年，在单一类型游戏的基础上，市场上运营的移动

表1-1　按照内容类型分类

类型	英文全称	英文缩写	代表作品
角色扮演	ROLE PLAYING GAME	RPG	《暗黑破坏神》
即使战略	REAL-TIME STRATEGY	RTS	《魔兽争霸》
动作	ACTION GAME	ACT	《雷电》
冒险	ADVENTURE GAME	AVG	《古墓丽影》
第一人称射击	FIRST-PERSON SHOOTING GAME	FPS	《使命召唤》
模拟	SIMULATION GAME	SLG	《模拟人生》
动作竞技	SPORT GAME	SPG	《极品飞车》
桌面娱乐休闲	TABLE GAME	TAB	《大富翁》

网络游戏产品类型已经超过20种，其中有大量的复合型游戏产品。这既显示了游戏用户不同的消费行为特征，也体现了复合型游戏产品的受众需求。"（中国版协游戏工作委员会，2013:62）在大型在线角色扮演游戏中，其内容包括动作、音乐、模拟等多种类型。

二、电子游戏的现状

（一）游戏传播渠道的转变

游戏产品的传播渠道由早前通过光盘、卡带进行储存、销售的方式，逐渐过渡到通过App Store、游戏网站、网络商店里进行下载、付费的方式。"目前，国内移动网络游戏领域能为开发商提供用户的渠道数量共计超过四百家，能上架游戏的渠道数量也超过一百家，在类型上可大致分为四种：一是应用商城，包括腾讯和360等平台；二是终端渠道，即硬件终端设备预装的应用商店，例如苹果的App Store等；三是运营商渠道，即内容基地，如中国移动游戏大厅等；四是流量聚合体，包括大流量的App、智能手机移动广告联盟等。"（中国版协游戏工作委员会，2013）

（二）游戏走向碎片化趋势

每年的 4 月 23 日，是世界读书日。"据 2014 国民阅读调查数据显示：2013 年我国成年国民人均纸质图书阅读量为 4.77 本，远低于韩国 11 本，法国 20 本，日本 40 本，以色列 64 本；人均每天读书 13.43 分钟。读书的时间都去哪了？没有时间似乎是很多人不读书的理由。调查显示：成年人平均每天读报 15.50 分钟，比上年减少 3.41 分钟；每天读书 13.43 分钟，减少 1.95 分钟；每天阅读期刊 10.05 分钟，减少 3.14 分钟；每天上网 50.78 分钟，增加 4.01 分钟；每天手机阅读 21.70 分钟，增加了 5.18 分钟。"（李彤，2014）媒介使用的改变，或许是阅读人口减少的一个重要原因。或许，民众读书的习惯，真的会"奔流到海不复回"。

波斯曼曾担心儿童生活在电视媒介之中，娱乐至死。网络时代的到来，或许加剧了这样的情况。根据《中国互联网络发展状况统计调查》，"截至 2017 年 12 月，我国网络游戏用户规模达到 4.42 亿，占整体网民的 57.2%，较去年增长 2457 万人。手机网络游戏用户规模较去年年底明显提升，达到 4.07 亿，较去年底增长 5543 万人，占手机网民的 54.1%。"手机端游戏的高速增长意味着游戏行业内用户从电脑端向手机端转换加大，手机网络游戏对于 PC 端网络游戏的冲击开始显现（图 1-9）。（中国互联网络信息中心，2018:35-36）

艾瑞咨询集团 2014 年 1 月报告："2013 年中国网络游戏市场规模 891.6 亿。……中国网络游戏市场正在逐步形成三驾马车的发展趋势，由客户端游戏牵头，网页游戏和移动游戏跟随其后，……随着移动游戏质量品质的不断提高，移动游戏市场的成长即将进入快速上升通道。未来，浏览器端和移动端的细分市场份额占比将逐年扩大。"（艾瑞咨询集团，2014）

近几年，"移动网络游戏市场差异化竞争，移动智能终端具备便携性、触摸操控、重力感应等多项特点，在体验方面体现了 PC 平台网络游戏差异化竞争的优势。第一，移动网络游戏产品方便随时随地登陆，用户使用频率高、

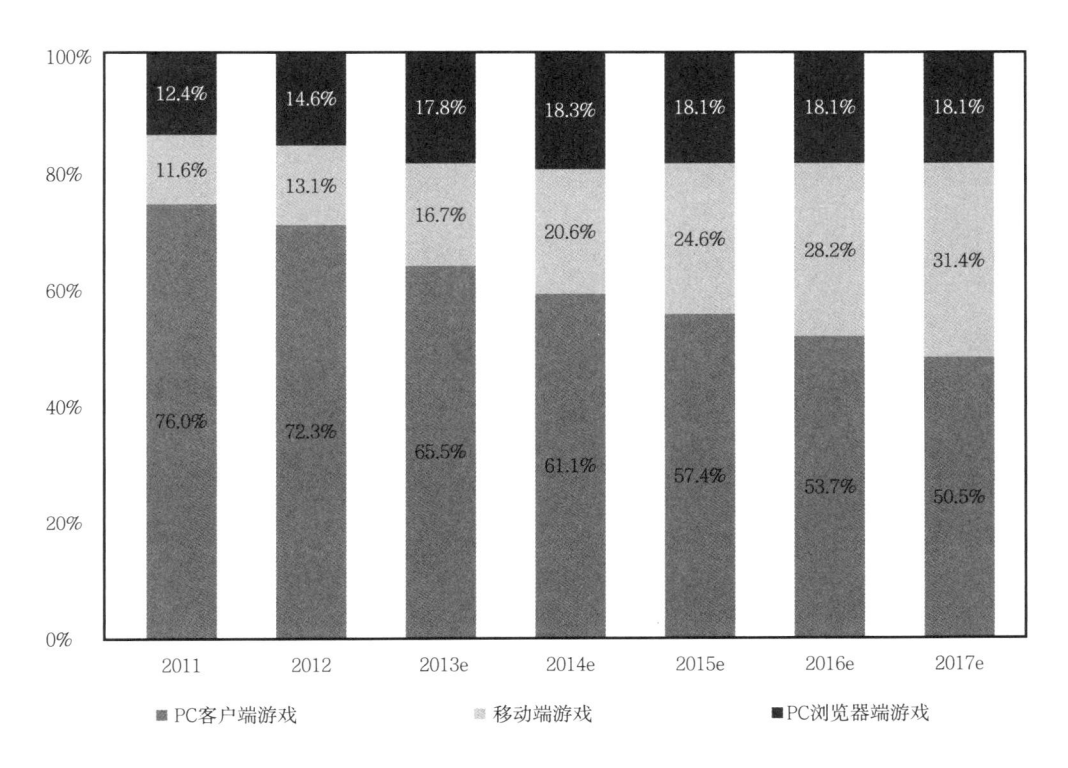

图1-9 2011-2017年中国网络游戏市场规模结构

年份	PC客户端游戏	移动端游戏	PC浏览器端游戏
2011	76.0%	11.6%	12.4%
2012	72.3%	13.1%	14.6%
2013e	65.5%	16.7%	17.8%
2014e	61.1%	20.6%	18.3%
2015e	57.4%	24.6%	18.1%
2016e	53.7%	28.2%	18.1%
2017e	50.5%	31.4%	18.1%

充分迎合碎片化的时间需求。第二，移动网络游戏触控式模式的操作直接、轻松上手，重力感应、GPS定位、摄像头、麦克风等功能为游戏创新体验提供了硬件基础。"（中国版协游戏工作委员会，2013:61）

通过关于网络游戏分析报告，可以看出，客户端游戏增长缓慢，移动端游戏增长迅猛。这样的趋势体现了游戏玩家使用媒介习惯的变化。如同博客的衰落，微博微信的崛起。客户端游戏，需要玩家使用电脑进行游戏，但电脑的便携性、网络连接性都受到限制。而移动端游戏，由于智能手机的占有率较高，玩家可以利用碎片化的闲暇时间进行游戏，易于携带、联网方便，更有利于玩家随时随地使用。

第三节
人性化趋势的电子游戏

从单机游戏到网络游戏，从抽象的图形到逼真的画面，人性化媒介的特征日益突出。单机游戏，是人机的对话，封闭的程序设置，固定的情境展现，成为模式化的单一结构。"因特网是一切媒介的媒介。"（莱文森，2001：58）网络游戏，为玩家构建了新的生存环境，这是一个与肉体分离的家园、与身处场所相分离的空间、是化身的栖息地，虚拟自我畅游于赛博空间之中，呈现在电脑屏幕之上。网络游戏强调人与人的互动，多人通过网络进行游戏、社交，打破了程序的固定生成模式，玩家成为媒介的内容，不断地游戏过程中，进行着内容的生成。网络游戏是玩家生成内容，如同打电话一样，生成的信息及时的传递、交互、再生成。听广播的时候，我们可以继续开车，看电视的时候，我们也可以打瞌睡，一心二用，仍然不影响我们对播放信息的接收，它们都是单向式的传播媒介，对受众的参与度要求较低，但开车的时候，我们不能闭上眼睛，因为开车需要我们更多地参与。网络游戏需要玩家更多的注意力的投入。在早期 MUD 游戏中玩家的感知方式以视觉文字为主，并没有更多的人机交互的图形界面，是充分利用文字想象力进行游戏互动。而现在媒介交互的多样性大大加强了互动的效果，提供给玩家更大限度地、多样地、弹性地与游戏内容深度交互。

在莱文森看来，媒介的发展呈现为旧媒介不断地补充、修正，使其成为新媒介的趋势，修正的过程正是转向人的使用性的过程。莱文森的"媒介进化理论"在其 1979 年的博士论文《人类历程回放：媒介进化理论》中首次提出，在其后的 20 余年，在理论与实践领域并行的莱文森将其深入发展，以此为核心观点奠定了其在北美媒介环境学派的学术地位。其理论受到达尔文的进化论、康德和波普尔的哲学、麦克卢汉和波斯曼的媒介理论等影响，从生物、技术、认识、思想、媒介发展的视角切入考察，进行逻辑论证。

"适者生存"是其核心概念，用其媒介进化的理论来解释不同传播方式的媒介的发展轨迹，莱文森认为，"媒介倾向于复制前技术的世界。"人类已经习惯于前技术世界中的传播模式，因此，与其模式相一致的媒介将存活、兴旺发达，即媒介进化的普遍原理："一种媒介的存活系数，与前技术的人类交流环境的接近程度有直接的关系"（莱文森，2007:34）。他将无声影片、广播、有声影片、电视进行对比，认为其发展的趋势正是媒介满足了人类的需求。

同时，需要加上一个重要的相关系数："媒介复制前技术环境的精确度对其存活更加重要，尽管它复制的范围很窄；相反，它复制前技术世界的范围却不那么重要。"（莱文森，2007:36）在媒介发展的过程中，人们对媒介的复制真实世界的相似性、精确性越发重视，相比之下，对应的范围的关注性在下降。媒介复制的精确性大于复制的范围的结论，是考察新媒介后而得到的，这是前提条件，在此基础上，媒介将继续向前发展，在精确复制之后，向着后现实的虚拟拟像进一步发展。

莱文森认为："媒介若要存活，它不仅要和前技术传播模式相近，而且它得到的相似性必须是一种'净利'，在以前的媒介或同期的媒介基础上，它赢得了'净利'。"（莱文森，2007:37）实际上，这种"净利"也是媒介的人性化趋势的观念的体现，既要超越前媒介，又需要符合人的传播习惯。媒介发展变化的这个过程，是伴随着科技发展而不断地进行调整与适应。在此过程中，"人性化趋势媒介的进化趋势是再现真实世界的水平不断提高，但同时这样的再现又是（甚至增加了）原始媒介在时空方面完成的延伸"（莱文森，2007:37），通过科学技术的方式，弥补生物学传播的局限。早期笨重又单调的电脑，需要指令、代码才可以完成计算任务，只是专业科研人员的仪器、工具，无法进入民用领域，不是大众的传播媒介。伴随着科技的进步、观念的革新，电脑越来越人性化，符合人的习惯，向着智能化电脑迈进。用户看到的，不是二进制的代码，不仅摆脱了枯燥、单调的黑白屏幕指令，而且摆脱了键盘、鼠标的间接操作，通过指尖触摸屏幕进行直观性的操作，同时屏幕尺寸也越来越小，更加便于携带。这个过程中，媒介不仅延伸了传播的时空性，同时，也在通过生物学的研究，使媒介更加符合生物学的传播方式。波斯特就其研究这样写道："在诸如电脑这样的表征性机器中，界面问题尤为突出，因为人/机分野的每一边如今都开始具有其自身的现实存在；监视器屏幕的这一边是牛顿式的物理空间，而那一边则是赛博空间（cyberspace，又译网络空间）。高品质的界面容许人们毫无痕迹地穿梭于两个世界，因此有助于促成这两个世界间差异的消失，同时也改变了这两个世界的联系类型。界面是人类与机器之间进行协商的敏感边界区域，同时也是一套新兴的人/机新关系的枢纽。"（2000:25）

标准键盘是电脑早期输入设备之一，成为人机界面的必要设备。19世纪70年代由"打印机之父"肖尔斯发明，其目的在于使打字机在任何速度使用时，连接字母键的金属杆都不会发生挤塞。这种减缓打字速度的技术被当作"科学的设计"而保留下来，标准键盘上的字母排列与经常出现在一起的字母串以及单个字母出现的频率毫无关联,使得标准键盘上的字母十分难记。标准键盘已于1905年获得国际标准的认可。为了有效地使用计算机,用户不得不学习。当不断地进行打字这样"条件反射性"操作,用户开始慢慢地习惯这样的输入方式,并成为了直觉层面的个人技巧。(肖恩·库比特,2007:15-16)随着媒介的进化,数字科技的发展,传播进入了图像时代,全球信息的瞬间同步传播,使得图像有效地克服了地域的文字界限,图像比语言更加有效。进入电脑系统,无论是哪个语种的操作界面,都有着用户熟悉的图标、窗口、文档、回收站,这些图标的直观性、隐喻性,配合文字命令的提示,鼠标直观地在屏幕上划过,使得用户很快地记住,并熟练地操作系统。

媒介突破了物理空间中生物学传播的限制,同时又在不断地回归前媒介的生物学传播,这套新兴的人机关系的互动性、连接性,需要输入与输出设备提供相应的支持,形成了人机交互功能的"友善性、人性化"。CMU人机交互研究所主任Dan R. Olsen教授认为,"HCI是未来的计算机科学。我们已经花费了至少50年的时间来学习如何制造计算机以及如何编写计算机程序。下一个新领域自然是让计算机服务并适应于人类的需要,而不是强迫人类去适应计算机。"(罗仕鉴等,2002:290)从媒介需要人适应转向媒介适应人,这需要跨学科知识与技术的合作,如心理学、语言学、感知觉、计算机科学、工程学等。人机交互是一种人的虚拟化、数字的生物学传播的延伸,从视觉向多感官模式发展。"多通道输入(声音、视觉识别、手势)及输出将扮演更重要的角色。在MERL(三菱电子研究实验室),研究人员已使用低成本的视觉系统通过手势来控制一台电视机,通过身体的移动来控制游戏,并能识别人脸的方向。"(罗仕鉴等,2002:240)

莱文森认为:单独工作的媒介无法完成复制现实的任务,多种媒介协同工作、属性互补可以更加贴近前技术模式。(2007:38)单独媒介属性在技术上的长足发展,使之成为具有相应传播优势的媒介,媒介深入性、专业化、差异化的发展,成为了媒介融合的基础与前提条件,融合是进行优势的互补,为传播创造了更好的开放性、交流性平台。"这些合成的媒介复制真实世界的能力日益增加,最后成为统一、多面的系统"。(莱文森,2007:38)Ms-dos的命令操作,让一个简单的命令,变得漫长而复杂,输错一个字符,也无法完成操作。根据托夫勒的观点,"随着信息化社会的逐渐形成,不仅文化本身越来越'转瞬即逝',人们对转瞬即逝的文化也越来越适应,越来越走向感性,喜欢变化与跃动,反而无法适应缺少变化的事物和沉闷的生活。理性表现为深沉,延伸生活的张力,感性表现为灵动,丰富生活的节奏,各自成为生活中不可替代的方面。"转引自(李艺,刘成新等,2001:序)命令界面的可视化,方便用户直观的完成操作,不需要学习打字输入法,只需要键盘方向键的操控与鼠标的滑动、点击。哪怕一个命令也不认识,也可以直观地根据日常生活的经验完成简单的操控,摆脱了文字命令的逻辑束缚,更容易进入当下的直接反应。双手滑动于键盘之上,成为人肢体的延伸。多媒体、全媒体的数字传播的技术,大大地将此前的媒介特性进行有效的保留并融合。

莱文森的"适者生存"将自然科学中生物学进化论引入到社会科学中,尽管是30多年前提出的媒介观点,在新媒体时代仍颇具启发性。在电子媒介环境下生长的年轻一代,与印刷文化下塑造的老一代相比,无论是感官模式还是媒介使用习惯都有着巨大的差别。为其年轻一代设计生产的文化传播产品,只有用适合年轻人使用习惯的媒介,方能传播、发展。媒介自身的发展也受到了人类的影响,同时人类对媒介也产生着影响。赛博空间的虚拟世界,传播着越来越多的真实的内容,真实与虚拟已经难以分辨,米老鼠、唐老鸭的角色出现在梦幻般的迪士尼乐园中,也出现在日常生活的商品中。《初音未来》(*Hatsune Miku*,日本音源数据库)中的虚拟偶像受到了真人明星一样的待遇,在真实空间中受到追逐与热捧,在演唱会的现场，为虚拟的偶像进行歌唱与狂欢。

网络游戏营造的屏幕画面无论如何逼真、形象，它仍然处于玩家的视听感官之中，与血肉之躯的全感官体验相区别。在莱文森看来，"在网上浏览现代艺术博物馆或自然历史博物馆的全部内容（尚待全部上网），和到博物馆去看馆中藏品——虽然有玻璃柜子和栏杆挡着，也不可能是完全一样的感觉。网上交流那种最令人触电的、最色情的书信，也不可能和与血肉之躯的行云布雨一样，那样的缠绵疯狂。在海风拂面的沙滩上散步，在清新宜人的树林里徜徉，在摩肩接踵的街道上走路——这样做一做、走一走的感觉，和说一说的感觉和看一看照片的感觉，那是不一样的。那种不一样，可真是别若天壤。"（2001:132-133）网络游戏带来的虚拟体验，必然区别于真实世界的感官体验。肉体生活处在真实的世界之中，网络游戏则让玩家无形无象之身栖息于网络的虚拟之中。正是网络媒介的虚拟性给玩家带来了更丰富的想象空间与心流体验，照片捕捉住文字中失去的那部分直观形象，电话、唱机和收音机重新捕捉住了语音，电脑将其整合，补救了单向的传播方式，倾向于更加人性化的方式。网络游戏，需要玩家当下直接的反应，强调感官体验，神经、大脑被抽离，表皮化地感知即可，忽视历史的深度、广度、精度，娱乐化地对"历史"进行改写，战争游戏可根据需要将胜负由玩家决定。2006年11月，日本任天堂公司出品的第七代家用游戏主机，在游戏中采用了前所未有的控制器使用方法。玩家通过操控控制器完成一系列动作便可以控制游戏中角色的运动和场景镜头的变化。这种游戏的感官式沉浸体验来源于完成操纵动作的感受，玩家真实地模拟了日常运动中的运动动势，从而获得如同真实运动时所获得的快感。

CHAPTER 02

Chapter 02
第二章　数字互动传播的媒介环境

伴随着科技的进步，数字技术不断提升，传播媒介也出现了新的形式。本雅明认为："正如整个人类的集体生存方式随着历史时期的变化而变化，人的感知方式也发生变化。"（陈永国，2009:7）本雅明在机械复制时代，提出了"艺术作品灵韵的消失"。摄影技术的发展，使艺术体验的方式发生了根本性的改变，从固定的地点和精英文化的仪式中解放出来，摆脱了地理上的空间与时间上的距离。艺术作品的技术复制改变了大众与艺术的关系，改变了古典艺术的观看体验。本雅明作为 20 世纪初期技术乐观派的思想者，对现代艺术持开放、接受的态度。技术的发展，也促使了艺术古典主义的功能性转向现代艺术的自律性，伽达默尔认为："现代艺术的一个基本冲动就是想打碎分离观众的距离"（周宪，2003:289），使之成为批判资本主义的异化的力量。在商业盛行，电子媒介发展迅速的时代，波德里亚认为，"后现代社会是一个通过媒介而建立起来的传播的社会，媒介和传播具有极其重要的地位，而且传播本身也是一个极具扩张性的领域。新的传播语言取代了传统的面对面口头传播或印刷媒介，电影中的蒙太奇手段被普泛化了，这就构成了后现代独特的语言学系统。"（周宪，2003:127）波德里亚基于大众传播媒介的视角，阐述影像的生产与复制，带来了现实的消失和仿像的统治，人们生活在媒介的超现实的世界里。数字化技术的飞速发展，数字技术将以模拟技术为载体的电视大众媒介的信息内容爆进赛博空间，人们正生活在数字互动传播的时代。

第一节
数字互动传播时代

媒介文化研究者基于媒介特征，对时代进行了划分。传媒媒介的异同，对人的感知模式产生了重要的影响。

麦克卢汉依据各时代的主导传播媒介特征，将人类历史分为三个各具特色的时代，"第一个时代是口语传播时代，从人类会说话起到 5000 年前文字滥觞止。第二个时代是书面文化时代，从 5000 年前文字的发明到电能的发现及电报的开发。第三个传播时代是电子信息流的时代，从 1844 年电报的问世到当前的时刻，涵盖电话、广播、电视、电能和互联网的到来，它们都对传播模式产生重大的影响"。（2000：306）

莱文森将麦克卢汉的地球村一分为二：传统的地球村和赛博空间的地球村。然后又把传统地球村一分为二：广播地球村和电视地球村。他用了三个比方来区别这三种不同的地球村：广播地球村是儿童的村落，电视地球村是窥视者的村落，赛博空间地球村是参与者的地球村。（莱文森，2001：译者序）

洛根也有类似的看法，在麦克卢汉三个媒介时代的基础上，追加两个时代，借以丰富并细化传播媒介的时代。第一个补充的时代是模拟式传播时代，即语言的滥觞和演化之前，人类就有传播行为，其形式包括前言语的声音（咕哝、哭泣、大笑、尖叫和呻吟）以及手势、面部表情、体态语（Donald, 1991）。唐纳德援引洛根"模拟是人类言语演化的传播"的观点，认为：口语里包含了模拟式传播的退化层，也就是手势、面部表情、体态语和声韵。"现代文化里嵌入了退化的模拟式文化，现代人类心灵的整体构架里嵌入了模拟式心灵。"（Donald, 1991:162）第二个补充的时代与电子时代相区别的是数字互动传播时代。麦克卢汉所谓的电子时代的媒介是指电报、电影、唱机、广播、电视等媒介；而洛根将电脑（含硬件和软件）、互联网、万维网、手机、iPod播放器等数字媒介的传播时代成为数字互动传播时代。（罗伯特·洛根,2012:28）

数字互动传播时代正是基于赛博空间（cyberspace）的媒介环境之中。赛博空间，又译为网络空间，源于美国科幻作家威廉·吉布森（William Ford Gibson）发表于1984年的科幻小说《神经漫游者》（*Neuxomancer*），赛博空间一词是控制论（cybernetics）和空间（space）两个词的组合，原意指一种能够与人的神经系统相连接的计算机信息系统所产生的虚拟空间。吉布森认为：赛博空间"是成千上万接入网络的人产生的交感幻象……这些幻象是来自每个计算机数据库的数据在人体中再现的结果。"（Gibson.W, 1984:67）

他的小说中描写了一个数字的世界，栖居着从事电子和生物移置、用软件技术构造死者和开发人工智能的人。最重要的角色是专门为"矩阵"，即"赛博空间的三维网格结构"，当我们的大脑与世界范围的电脑网络直接联系起来的时候，这个致幻空间就会展开。在吉伯森的小说中，赛博人（cybernauts）离开躯体，以多元感觉穿越心灵的非空间，即虚拟世界。（约斯·德·穆尔,2007:52-53）Miehael Benedikt 在他的 *Cyberspace:Firststeps* 一书中对赛博空间的定义为："于计算机和互联网而生成的与物质宇宙并行的一个新的宇宙；只要计算机接入网络就可以达到一个无限的场域，一个无所不在又无处可在的世界，一个所有东西都在变化的场域；一个公共的精神交感环境，一个拥有着数据与谎言、心智与记忆以及千万种声音、千万双眼睛的地方，一场可询问、可交易的，可追逐共同梦想的和可直接拥有的无形的"音乐会"；哪里有电子与智慧的交汇，哪里就会形成赛博空间的通道，哪里有数据的聚集和存储，哪里就会有赛博空间，每一幅图像、文字和数字，每添加一次数据，每贡献一份思想，都会增加赛博空间的深度；通过无数不停歇地工作的摄像头，使遥远的地域和面孔，无论当下或恒久，无论真实和虚假，都能在一起出场；赛博空间使人类的组织变成了有机体，金钱在流动，义务和契约在汇集，人面对电子界面进入虚拟的空间；在赛博空间中，人们可以发现每一项与个人和组织生活有关的重要信息；纯粹的信息王国，对物质世界的抽象。"（转引自刘丹鹤，2004:16）迈克尔·海姆（Michael Heim）《从界面到网络空间：虚拟实在的形而上学》中，对网络空间的定义是："数字信息与人类知觉的结合部，文明的'基质'，在这个网络空间中，银行交换货币（信用），而信息寻访者则在虚拟空间中存储和再现的数据层中航行。网络空间的建筑物也许比实体的建筑物具有更多的维度，而且它们也许会反映出不同的实存规律。"（2000:89）

同样，"虚拟实境"（Metaverse，又译为"超宇宙"），更加准确地表述了当今网络游戏的状况。此词源于1992年，科幻小说家尼尔·斯蒂芬森（Neal Stephenson）的科幻小说《雪崩》（*Snow Crash*），Metaverse 是一个混合词，由前缀"meta"（意为超越）和"universe"混合而成，描述了一个超现实主义的数字空间"Metaverse"。在他看来，Metaverse 是一个充斥着 3D 技术的沉浸式的（immersive）虚拟空间。地理空间所阻隔的人们可通过各自"化身"（avatar）相互交往，度过闲暇时光，还可随意支配自己的收入。

网络游戏，不仅是穿越赛博空间中的信息传递，更为玩家营造了一个虚拟真实的世界，超越了人类生命发生于其间的地理空间与历史世界的维度体验，同时，与真实生活的方方面面或多或少地交织在一起。

第二节
数字媒体艺术的媒介特征

从亚里士多德的模仿论、本雅明的机械复制论到鲍德里亚的虚拟论（模拟与仿像）（周宪，2008:158-170），每一次重大的技术变革，都会在某种程度上，为艺术带来新的变化与发展。美国新媒介技术专家菲德勒在《媒介形态变化：认识新媒介》一书中，认为"新出现的传播媒介形式会增加原先各种形式的主要特点。这些特点通过我们称为语言的传播代码传承下去和普及开来。"数字媒体艺术是数字媒体技术与数字信息科技为载体与支撑，对媒体的依赖性比较明显。"艺术作品首先体现艺术家的观念，然后再由技术提出最为巧妙和聪明的解决方法。艺术作品与每个人的思维方式有关，由观念驱使的创作是艺术性的创作，而如果仅仅通过技术实现的创作就不能成为艺术创作。"（王秋凡，2002:25）艺术作品的内容决定形式。从创作者、传播过程、参与者等角度，科技与技术为数字艺术带来了新的艺术特性。

一个新的艺术类型的出现，是与其创作手段分不开的，因此，需要进行分析数字媒体艺术的媒介属性。加拿大传播学者麦克卢汉曾经提出"媒介即讯息"，媒介形式改变了人的感知模式。"艺术形态确立的核心是媒介，媒介分类也是最科学有效的分类方法，也是分析艺术的重要依据"（许并生，2004:60）。这里，我们用绘画与电影艺术种类进行分析，画家在进行艺术创作的媒介是画纸（画布）、笔与颜料，受到媒介的限制，只能在平面上进行创作，形成视觉语言。欣赏者通过眼睛进行视觉的观看与欣赏。电影的创作者则运用摄像机将不同时间、空间的视听语言进行记录，然后通过蒙太奇的剪辑手法，进行表现。由于两者媒介的差异性，导致艺术家的创作方式、表现方式以及对观者的感知方式与体验是完全不同的。冯广超在《数字媒体概论》一书中对数字媒体给出了如下定义："以数字化的形式（0和1为最基本符号）传递信息的媒介（媒体）。"在《数字媒体——技术·应用·设计》一书中，作者刘慧芬将数字媒体定义为"采用数字化的方式通过计算机产生、记录、处理、传播和获取的信息载体。数字信息的最小单元就是比特，通过比特可以表述各种多媒体信息。"物质的世界，是原子的世界，在空间、时间的束缚下，物质的交换需要通过物理、化学等方式进行。正如尼葛洛庞帝在《数字化生存》中所言："比特会毫不费力地相互混合，可以同时或分别地被重复使用。"加拿大科学幻想小说家吉布森笔下的赛博空间，具有四个主要特征：第一，人们的直觉可以摆脱物理身体的束缚而在赛博空间独立存在和生活；第二，赛博空间可以突破物理世界的限制而穿越时空；第三，赛博空间由信息构成，因此，有操控信息能力的人在赛博空间拥有巨大的权力；第四，人们因为进入赛博空间而成为人机合一的电子人（cyborg），以纯粹的精神形态而在赛博空间获得永生。（鲍宗豪，2003:201）数字媒体艺术创作的过程是借助计算机操作完成，可以将现实世界中所需要的信息进行数据化的处理，成为艺术家的素材，同时，又可以通过计算机软件的编程、运算，进行数字化的创作。目前艺术创作主要是以视听语言的数字化表现为主，可以大胆地预测，通过科技的发展，数字媒体艺术信息的展现方式必将是对人类五感与意识的信息传递。换言之，通过数字媒体这个媒介，既可以对现实事物进行虚拟的再现，又可以进行全新的创作，并在数字媒体艺术作品的输出端，通过数值化信息进行转译，从而还原其视觉、听觉等人类感官可以接收到的信息，呈现给接受者，为多感官方式的全新体验方式提供了条件。

一、数字化

德国数学家、哲学家、微积分的创始人莱布尼兹受到中国古代太极八卦图中的阳爻和阴爻的启发，成为二进制的奠基人。数字信息可以进行记录、储存，并能根据创作者的需要，通过命令的方式，进行运算，生成作品。在数字媒体软件的操作平台上，任何信息都是数字化的。信息的数字化可以简单地理解为信息的数值化过程，而这些数值是利用计算机语言中通用的二进制数 0、1 来记录、存储和传播的。在数字媒体艺术领域中，以图形图像为例，图形图像均以数值形式记录下来。数码照相机利用数字图形编码技术，将一个场景的影像细分为百万、千万个像素，并根据实际场景的颜色与亮度信息，将每个像素按照颜色通道分配相应比例的数值并进行存储。这样，储存到相机中的图像信息不再是一张张等待冲洗的底片，而是包含色度、亮度信息的有序排列的数据。需要观看数字图像时，显示设备便对已经记录并存储的数码信息进行识别，根据色度、亮度信息重建每一个像素，从而组成一幅完整的图像。

数字化为创作的精确性提供了条件。在传统艺术中，在创作虚拟形象的视觉表现时，通常通过艺术家或设计师的感性表现或人工计算，来绘制完成。制作周期长，不宜表现和修改。今天，借助数字化的创作手段，可以对所有信息进行量化的计算与控制，也为虚拟化创作提供了基础保证。

二、开放性

数字化信息记录方式让信息更易复制，传输更为便捷，出错几率大大降低，并具有很强的信息纠错功能。传输过程中，图像信息通过光或电信号进行0、1数字编码的发送与接收，由于信息结构仅限于0、1两种，传输中信息个别编码丢失产生的影响也较小，有时几乎不会对图像在视觉上有所影响。数字化的记录是计算机应用领域通行的一种信息编存方式，所以各种数字化的图像信息可以在基于这种信息记录方式的各种媒介上传播和复制，只要拥有一种具备数字化读取功能的显示设备，人们就能轻易地观赏到数字图像。数字化图像编码使数字图形艺术相对于传统媒介载体上的图像艺术形式拥有更大的受众群体。

加拿大传播学多伦多学派鼻祖英尼斯提出了"媒介偏倚论"，提出时间性与空间性是媒介的属性。今天的数字化媒介，打破了时间与空间的概念。由于信息的可复制性与流通性，世界变成了"地球村"。这样的属性，为创作的开放性提供了条件。数字媒体艺术创作团队的跨地域、分工合作成为可能。可复制性带来了创作素材、编程工具代码的全球化使用，创作者可以通过检索的方式，找到自己需要的资源，节约了时间与精力，为创作便捷化带来了条件。同样，也为表现风格的同一性带来了可能。大众喜欢的视觉样式，通过相同的材质技术参数、风格化的滤镜程序表现，尽管艺术内容不同，但可以实现风格样式的相同性。为视觉样式的大众化与流行化奠定基础。

三、模块化

数字媒体艺术的创作离不开计算机的使用。而人与计算机之间的交流离不开计算机语言。莱布尼兹提出的关于"普遍语言"，在当今的数字化创作的平台得以实现。通过二进制的编码方式，创作者使用计算机编程语言和直观的图形界面操作，进行无障碍的交流与创作。根据创作需要，自行编写计算机语言进行艺术创作，对于大多数艺术创作者来说，是件困难的事情。数字媒体的世界，信息的可复制性与存储性，让软件开发商可以根据艺术创作者所需要的功能，开发了相关的创作命令，使之成为创作者的创作工具。大到一个系统运行的平台，中到一个软件，小到一个参数节点，面对枯燥的代码与众多的命令，软件开发商根据功能特点与用户的操作习惯与体验，对模块进行归类汇总，方便了艺术创作，去除了艺术创作者面对枯燥与乏味复杂的代码困扰。模块化的属性，形成了开放的创作空间，可以随时进入任意的信息节点进行调整与完善，也可以将团队中他人的创作结果，以模块化的方式加入其中，及时地计算出创作结果。在作品的创作与调整的过程中，极大地提高了创作效率。另外，在不同功能的软件中，模块归类的相似性，也极大地方便了艺术创作者，通过短时间的学习，就可以掌握软件模块的功能，熟练应用软件，进行艺术创作。

四、变量化

由于数字媒体的操作基于数学函数的特性，因此，具有变量化的属性。通过计算，反馈给创作者一个量变的结果，让创作者可以直观地了解参数控制的实时情况，方便艺术家进行反复的修改、调整，并进行深入细致的观察与表现。并且，参数变量的调节不受时间限制，可以及时更新数据信息，将创作过程的历时性深度模式改变成共时性的扁平化模式，打破了时间、空间线性创作模式。创作者可以根据自己的要求，从整体的角度进行创作与修改。变量可控性带来了创作偶然效果出现概率可能性大大增加。这种效果，是一种变量化生成的过程。同时，数据的变量化，也带来了参与者介入互动作品后参数的变化，带来了无数的可能性，导致作品的结果的多样性与开放性。

五、交互性

相对于传统艺术创作，数字媒体艺术的创作在操作和显示过程中加入了计算机进行数值运算的环节，创作者每次程序命令的提交，计算机都会给予反馈，让创作者了解到作品的实时状态。根据具体情况，不断在交互的过程中，完成作品的创作。程序化的交互命令分门别类地储存在了若干个数据库之中，方便创作者的使用。交互性带来了全新的创作流程和思维方式，艺术创作与实践可以摆脱物质性材料的限制而存在，让艺术作品成为虚拟的数字化"无形"艺术，根据创作目的的需要，不断地进行交互，编写相关的代码，达到预期的效果。网络游戏中，交互性具有双重性，一方面是游戏需要玩家的参与交互，另一方面是网络媒介需要用户的参与体验。

六、虚拟性

信息的数字化极大丰富了创作的内容与表现方式。计算的精确性，导致大至宇宙、小至原子的精确表现，对真实世界的数字化表现与超越，突破了传统物质世界的限制，在虚拟世界里对物质世界进行解构与重构，将文字、图形、音乐、声音、气味……感觉信息进行数据化的记录。计算的精确性让作品在数字世界里真实再现成为可能，为艺术作品的虚拟表现提供了条件。创作者可以按照自己的需要，通过数字媒介，尽情表现自己的虚拟世界。虚拟化带来了创作的无限天地，表现内容可以与现实没有任何的关联，即鲍德里亚所谓的拟像，"创作出大量复制、极度真实而又没有客观本源、没有任何所指的图像、形象或符号。"（支宇，2005）莱布尼兹站在神学的角度提出的"可能的世界"，我们可以在数字化的世界里寻找着多种的可能性，选择自己认为最好的世界进行创作与表现。"万物皆数"的时代，万物被数字化、虚拟化，玩家在虚拟的世界里数字化生存。

七、数据库

数字媒体艺术创作的媒介载体依赖于存储数据的数据库。J.Martin给数据库下了一个比较完整的定义："数据库是存储在一起的相关数据的集合，这些数据是结构化的，无有害的或不必要的冗余，并为多种应用服务；数据的存储独立于使用它的程序；对数据库插入新数据，修改和检索原有数据均能按一种公用的和可控制的方式进行。当某个系统中存在结构上完全分开的若干个数据库时，则该系统包含一个'数据库集合'。"数字媒体艺术创作的主要工具——软件，是数据库的一种类型。创作者所有的操作与命令均被储存在数据库中。各种插件包都是以数据库的形式存在，按照创作者的意图，从不同数据库中调用所需的命令，进行作品的创作。海量的数据信息，为创作带来更多灵感与创作源泉。

第三节
数字游戏的基本艺术语言构成

"新媒介不仅是机械性的小玩意,为我们创造了幻觉世界;它们还是新的语言,具有崭新而独特的表现力量。"(麦克卢汉,秦格龙,2006:311)文字时代是强调理性的时代,却脱离了感知的视听系统,而多媒体时代丰富了文字的内容,使意义传达更加准确、视觉化,同时对人类的心智的发展有重要的意义。麦克卢汉引用法国哲学家亨利·柏格森的思想并加以辨析。柏格森认为:语言被认为是——过去和现在都是如此——人的一种技术,它损害并削弱了集体无意识的价值观念。如果没有语言,人的智能会全部卷入其注意的客体。语言之于智能犹如轮子之于脚和人体。轮子使人的肢体更轻盈、快速地在事物之间移动,而肢体的卷入却日益减少。语言使人延伸和拓展,可它又使人的官能割裂。人的集体意识或直觉,由于言语这种意识的技术延伸而被削弱了。柏格森在《创造进化论》(*Creative Evolution*)中认为,就连意识本身也是人的延伸,意识使集体无意识中的极乐境界暗淡无光。言语的作用是把人和人分开,把人类和宇宙无意识分开。作为人各种感觉的同时延伸或言说(即外化),语言一向被认为是人最丰富的人为技艺形式,这一技艺形式把人和动物界区别开来。(麦克卢汉,2000:115-116)"通过超文本(Hypertext)和元语言(Meta—Language)的形构,历史上首度将人类沟通的书写、口语和视听模态整合到一个系统里。通过人脑两端,也就是机械与社会脉络之间的崭新互动,人类心灵的不同向度重新结合起来。"(卡斯特,2001:406)超越文字与地域的新的符号系统在全球一体化的今天成为可能,它并不是要替代文字系统,而是对文字系统进行补充。由于媒介属性具有数字化、复制性、模块化等特征,因此,数字媒体艺术出现了更多新的特征:人机交互、实时生成、拟像操控、交互叙事、块茎结构。

一、人机交互

新兴的人机关系的枢纽,突破了物理空间的限制,媒体的互动性、连接性的新特征,为艺术家提供了多样的表现方式,将其艺术想象的天空表现得淋漓尽致。人与机器的交互,离不开交互媒介。在数字媒体艺术的作品中,参与者对作品的参与,需要输入与输出设备提供相应的支持,其中包括软件与硬件。可以说,数字媒体艺术作品的人机交互功能的"友善性、人性化"是作品参与的重要因素。随着科技的发展,更多易操作的输入、输出设备相继投入到艺术作品中。硬件为交互的方便性提供了保障,为参与者带来更好的体验。数字媒体艺术的创作过程中,需要对人机交互进行深入研究与思考。这需要跨学科知识与技术的合作,如心理学、语言学、感知学、计算机科学、工程学等。人机交互是一种人的虚拟化延伸、数字化再现。在数字世界里,参与者的动作、表情、脑电波……可以实现数字化,使人机的交流与对话更加方便,这必将导致创作方式的多样化。创作时,需要充分考虑作品中人机交互的特点再进行创作。

艺术作品的表现方式从视觉向多感官模式发展。技的进步，让创作者的创作手段与表现方式大大增加。多通道输入，意味着创作者通过相应的通道，进行作品的创作，表现其内容，为参与者全方位、多感官的体验带来了多种参与和理解的方式。如果说观看绘画通过视觉、欣赏音乐通过听觉、欣赏舞蹈通过运动感觉，那么人机交互提供的多通道输入与输出的方式，将参与者的多重感官体验进行了整合。因此，在数字媒体作品中，削弱了传统艺术门类的界限，使之融合，同时大大扩展了数字媒体艺术语言的表现空间。

创作者在作品创作时，需要考虑到人机交互的方式是否为参与者带来准确的启示、良好的体验。人机交互要求作品可以在短时间内，吸引参与者介入到作品的互动中，引发参与者的好奇心、探索欲、主动与作品发生交互生成。

二、实时生成

从现实世界的亲身经历到虚拟世界的身临其境，数字媒体作品中的沉浸感是基于计算机实时生成的信息得以展现。实时生成增加了参与者的逼真感、当下感。作品的生成离不开观者的参与，从交互到生成，艺术作品中的时间和参与者交互的时间，二者合一，都凝聚在此时此刻，这是传统叙事所不具备的。所有的内容由创作者创作完成，通过数据库进行存储，根据参与者参与的具体变化和条件，进行实时计算，生成相应的效果与反馈。数字游戏交互过程中的每一秒，参与者都与作品发生着关联与互动，审美主体与审美对象之间的距离更近，所感受的美也更具体、更真切。PC游戏《消失的海岸线》（图2-1）的创作者利用软硬件的配合使大多数三维游戏设备都具有了实时渲染生成技术，模仿真实世界光感的HDR实时渲染技术让该游戏具有更强烈的真实感，让审美主体与审美对象之间的距离更近，所感受的美也更具体、更真切。

实时生成打破了传统的时空观，时间可以是无序的、空间可以是自由的。时间成为碎片化的单元，时间具有了空间的属性，任由参与者穿梭与跳跃；空间具有了时间的

图2-1　《消失的海岸线》的游戏截图

属性，在时间的流动中重新组合，为创作者对作品的处理提供了新的艺术语言。《第二人生》（*Second life*），可以实时建造、即时展现，与其他玩家分享共同创造的快乐。数字媒体艺术通过交互装置进行实时生成，让参与者发现自我、观照自我、打破物我对立而走向主客同一的精神追求。这个过程，让现代人摆脱当下的逻辑理性，而用直觉与感性，体验内心深处的自我，而这样的艺术形式，是现代逻辑理性文明所无法满足与替代。在这样的审美活动中，主客关系要符合审美的必要条件。中国古代的禅宗强调要在主体的"虚静"的状态下才能实现天人合一。其中的"虚"，是指内心的空无，是内心的观照。"静"是指内心的宁静，强调主体心灵不受外界的诱惑与干扰。对于审美主体，即参与者，必须以非功利的态度，同时也要有一定的想象力，愿意积极地参与体验，并通过交互参与，来建立其形象与自我之间的同一性关系。对于审美客体，它的展示不能超越人的正常生理反应的极限，超越了人的感官正常的掌控范围，其信息无法被审美主体所接受，那也是无效信息。因此，主客体的一致性与相同性，是建立主客体中介的前提条件，在此基础上，主体参与到客体的虚拟真实的空间中，在以客体对象作用的体验中，产生了主体的鲜明个性的主观情感。

三、拟像操控

参与者通过对数字媒体艺术作品内容的拟像操控，不断地在各种情境中穿梭，导致作品信息与内容不断生成，形成不断流变的过程。在这个过程中，参与者的想象被激发，自我意识投射入虚拟的世界中，现实与虚拟进行了互联。"从洪荒时代以来，人类就具有控制物质环境和社会环境的欲望。"（约斯·德·穆尔，2007:43）从人与人、人与自然到人与机器，人类的感觉维度不断在扩大，其控制的空间也在蔓延。如果说传统艺术是艺术家对作品进行控制与操作而完成，那么数字媒体艺术，在一定程度上，离不开参与者的深度操控，生成作品。"在数字化重组时代，一个对象的价值取决于它多大程度上是可操控的。"（Mitchell, 1992:52）操控建立了作品，并与参与者之间建立了关系，通过一定规则参与到作品中，影响着内容的生成。同时，作品实时反馈用户的操作结果，参与者继续操作，不断地在其中进行循环操作。操控对参与者与作品都是一种双向交流改变的过程。这样，就形成了一种对话的机制。"在独一无二的作品时代，膜拜价值构成了作品价值；在机械复制时代，展示价值构成了作品的价值；而在数字可复制时代，则是操控价值构成了再现的价值。"（Mitchell, 1992:52）此时，参与者成为感知、体验与创造的综合。创作者对参与者拟像操控时生成条件与内容，进行预先设计与编排，成为拟像操控的重要因素。

四、交互叙事

传统故事为线性叙事，由创作者创作后，形成封闭的、固定的、单一直线的作品。而交互叙事具有开放性，数字艺术作品中碎片化的内容，通过参与者的交互，使其生成新的内容，推动情节的发展。作品由参与者的交互来完成，不同的选择、操作，会带来不同的结局。交互叙事打破了创作者与参与者的严格的界限，赋予了作品内容不同的情节路径、生成走向，根据参与者自身的特点、兴趣，进行个性化的自由组合，不同的组合带来生成结构的多样性。

交互叙事需要有离散的尺度与情节的结构相结合的最佳平衡区域。参与者的变量因素在某种程度上，是开放的、不可控的。在流变的生成过程中，参与者对情节进行选择，并推动交互叙事的发展。到目前为止，交互与叙事的融合仍存在重大冲突，即封闭式与开放式的属性上。本质上，故事的深邃程度与故事世界的无限与自由程度之间的冲突。个人化、随机性的内容组合不一定带来深邃而有趣的作品。因此，创作者也在不断地进行各种实验与尝试，试图寻找比较理想的控制点，平衡交互叙事的控制与开放，即决定性的逻辑结构与开放的细节。根据表现需要，局部上细节的开放性可以让参与者介入体验，在整个作品中，需要有中心性的故事主线，对其进行叙事性的引导，此时，需要对逻辑结构进行计划与设置，使交互不会偏离整个系统中心的发展。也就是说，需要预先设置好在什么时间，什么条件下，发生什么事。

玩家需要在关键时刻做出选择，从若干个选项中选取一个，通过点击不同的选项把剧情引向不同结局。尽管在作品中，能做的交互是有限的，但剧情中所有角色的生死都掌握在玩家手中，只有玩家不断地点击鼠标进行选择，才能继续发展成为一件完整的艺术作品。创作者通过交互叙事中的情节点的设计，增强参与者的体验，使作品处于与参与者发生对话的状态。交互叙事的重要性在于，如果缺少必要的结构与控制，将导致作品参与的混乱与无序，参与者无法在作品中得到美的体验。

五、块茎结构

"'块茎'这个概念是德勒兹善用比喻的标识之一，也是他采用的重要论证方法之一。正如日常生活中看到的马铃薯或红薯之类的植物块茎和鳞茎，块茎的生态学特征昭示着某种思维的开放性、非中心、无规则、多元化的形态。"（陈永国，2003：代前言7）"块茎"为数字媒体艺术创作语言的建构提供了新的形式与理论依据（尝试）。

现实主义的艺术作品是对客观现实的描绘与记录，客观现实是表现的内容，此时艺术家的作用只是对其再现，观者进行观赏。照相机出现以后，现代主义的艺术家抛弃对客观现实的描绘，转向自我内心世界与观念的表达，此时，观者仍然处于观赏状态。传统影视艺术是创作者把一个故事通过视听语言进行表现，观众只能进行被动的观看。犹如德勒兹提出的"树状"结构，它是线性的、循序渐进的、有序的系统。数字媒体艺术是对传统艺术形式的继承与发展，但同时，其自身的数字媒体属性又决定了它有其开放的可能性。在数字时代，艺术家为参与者搭建平台，提供素材，邀请参与者进行互动，参与者进行着主动式的构建与体验。这是一种互动中生成作品的方式。通过开放式的建构过程，传达创作者的意图。通过互动生成作品的过程，让参与者从多方位、多角度体验创作者意图的过程（表2-1）。

块茎具有非中心性的特点，块茎间相互独立、相互关联。块茎结构的非中心性，是没有开头、没有结尾的，它有一个范围，因此，从性质上说，它是可以无限地连接下去。创作者通过多个块茎的平面化、无深度的并置，表现其作品，为参与者创造了块茎间跳跃的平台。参与者可以随时介入块茎，参与其生成，然后离开，跳入其他块茎。参与者的互动与块茎之间信息的传递，导致块茎之间结构的全新组合，在不断发展的动态中生成。参与者在块茎间的跳跃过程中，形成各自的观赏体验路线，生成差异化的块茎，最终影响作品的整体生成。

块茎是作品中的单元，是作品整体性的部分。创作的过程，是进行块茎、树状设置的过程，也是内容创作的过程。创作者需要考虑块茎的内容，同时要兼顾块茎间的关系。如果块茎内部存储着树状结构，此块茎则具有其独立的时空观，受到外界的介入与影响，树状结构随时会被打断。

艺术形式的融合使数字媒体艺术的表现具有多样性。从真实走向虚拟，计算机数据的准确性，为艺术创作中的真实再现提供了技术平台虚拟与现实的结合、真假难辨，开启了人类想象的天空，无限的想象世界得以充分表现。计算机的复制性使拼贴性创作、超时空的表现更加简便，为各种非逻辑、感觉的、非理性、随机性的创作提供更大的舞台。媒介成为人的延伸，通过五感的数字化方式的输入与输出，为人机的交互体验带来创作语言的新探索。共时性的参与交互方式，在继承了传统的艺术语言与表现方式的同时，又摆脱了时间与空间的限制。

表2-1 树状结构与块茎结构的差异

树状结构	块茎结构
封闭	开放
特定	随机
定向	扩散
独立	联合
叙事	表现
逻辑	感性
永恒	生长
一元	多元
同质	异质
稳定	流动
中心	离散
标准	差异
线性	网络
时间	空间
整体	片段
静态	动态
深度	平面
单一	多样
一致	差异
定量	变量
独裁	协商
被动	主动
定居	游牧
思考	体验

CHAPTER 03

Chapter 03
第三章 网络游戏中的互动体验

第一节
多元的互动

多元互动中生成与建构网络游戏文化（图3-1）。莱文森认为：观众通过电视媒介中的明星，以旁观者的身份参与其虚拟活动。观众的心态与身体还是与虚拟之间横亘着一条分界线。而因特网正在将其革命化。（2001:91）电脑的互动性特征改变了读写的性质。文字写在纸上，图像画在布上，电影呈现与荧幕上，这些单向式的媒介，剥夺了受众的参与权。"视听片断对于刺激人们的神经来说已经不够了，人们对此已经习以为常。人们不愿意只是作为一个艺术世界的欣赏者，他们希望让自己的身体进入这个世界，穿过屏幕和熟悉的景象：他们想在场，想住在图像和虚拟的世界里面。"（弗罗里安·罗泽，1995:125-126）网络是双向通行的高速路，上传与下载，把个人的信息发布于公共屏幕之上。"事实上，少量讯息流向许多被动使用者的运行轨迹，被因特网及其分支颠倒过来了。印刷机以来的一切技术媒介，都具有这样的特征：少数讯息向多数人流动。只有电报和电话是例外，它们的内容是使用者自己提供的：电报是自己写的，电话是自己说的。"
（莱文森，2001:53）网络游戏玩家参与到游戏设计者创作的游戏作品中，进行着角色的扮演，并根据规则，进行游戏闯关或任务。在游戏的舞台上展现自己的才华与能力，并与其他玩家实现互动与分享。

Manninen通过模型展示互动表现类别的具体设置，包括12大类：①角色的外观；②面部表情；③肢体语言；④神秘感；⑤自动化/人工智能；⑥非言语性声音；⑦言语性交流；⑧空间行为；⑨身体接触；⑩环境细节；⑪习惯性；⑫嗅觉。该模型在不断地改进，其主要效益是分类的子概念提供了一个宽松的框架，分析多人游戏中的互动形式是相关的。（2003）

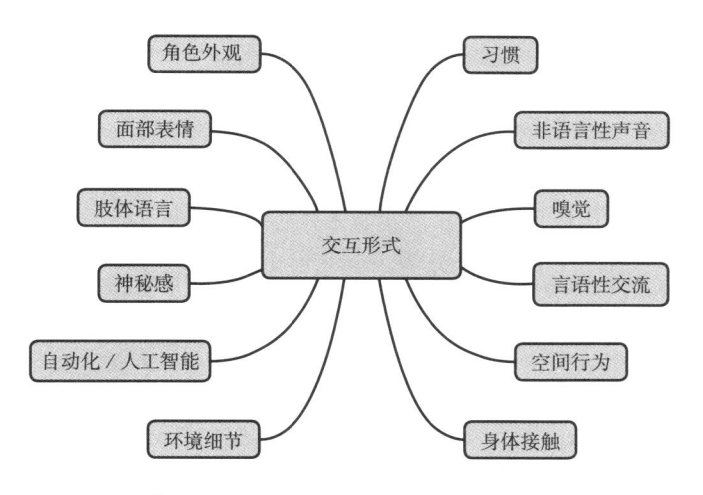

图3-1　互动表现类别

弗里德里认为每个游戏或多或少都具有一定程度的互动性，并将网络游戏的互动性划分为三个维度，即玩家与计算机、玩家与玩家以及玩家与游戏互动性（图3-2）。（2006:40）黄鸣奋认为："社会生态意义上的交互是围绕角色进行的人与人之间的相互作用，交互可相应分为人际交互、人群交互、群际交互、社群交互等类型；媒体生

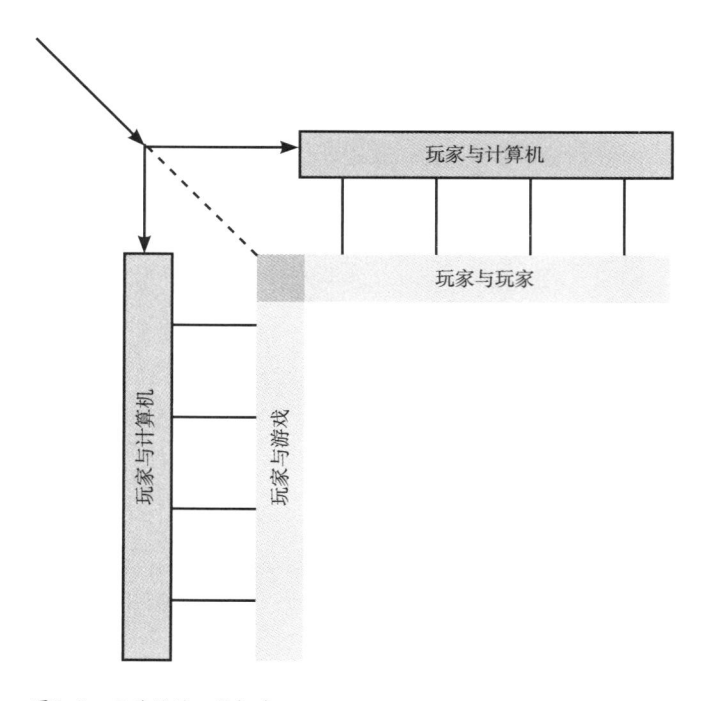

图3-2 互动性的三维概念

态意义上的交互是围绕传播进行的人与交互性媒体之间、媒体与媒体之间的交互；精神生态意义的交互是围绕人的自我意识进行的观念的交互，通过叙事这一中介进行。"（2009a：166-188）这样的视野，有助于对网络游戏互动提升到传播理论的维度展开，即在社会生态层面，网络游戏玩家与玩家的交互；媒体生态层面，玩家与计算机的交互；精神生态层面，玩家与游戏的交互。弗里德里认为："玩家与计算机互动性定义了玩家与他的计算机硬件和软件之间的联系。玩家与玩家的互动性是在线游戏所独有的。玩家与游戏的互动维度把各种形式的互动性归结到涉及玩家与媒体游戏之间的过程的概念上。"（2006:40-41）

传统艺术媒介具有各种方式的叙述，包括戏剧剧本、诗歌、小说剧本和其他形式的故事驱动的艺术创造。从神话到小说，文字媒介通过文字描写着叙事性的故事。电影、电视通过影像的方式表现着叙事性的情节。网络游戏通过角色扮演参与到游戏情节中，通过情节与关卡连接体验着叙事的情节。然而，网络游戏的叙事性与传统媒介的叙事性具有较大的差异，通常传统单向式媒介其情节的发展具有封闭性、规定性。网络游戏的情节线索由游戏设计师设定，通过玩家参与，在此过程中玩家具有高度的自由性。因此，会呈现相对开放的结局，这些叙事帮助玩家体验生命的意义，更加强调玩家主体参与到复杂情节与事件中进行情感互动，其中的情感体验取决于设计师提供的故事情节与游戏玩家对于游戏事件的反应。

一、玩家与计算机互动

玩家与计算机互动是把逻辑系统（即玩家）与人工系统（即计算机）结合在一起的所有过程。它是玩家与其计算机（硬件和软件）之间的双向交流，其中系统被看作是人物角色和伙伴，它与玩家具有同等的地位。（弗里德里，2006:48）网络游戏通常将虚构的游戏环境中的概念转换成玩家已知的现象与事件，以逼真的方式呈现在网络游戏中。将现实模拟为抽象或隐喻或简化的信息，更加适合玩家通过触觉般的视觉接受。例如，游戏中角色的激光与火焰魔法，通过夸张的展示效果，带给玩家视觉的震撼体验。

从文字键入的 MUD 文字幻想游戏到当今的 3D 仿真的模拟游戏，复杂的代码被掩藏起来，玩家看到的是用户图形界面塑造者与电脑沟通交流的新方式。玩家与它像老朋友一样交流、互动。依靠图形、语音与文字的多重表现方式理解游戏的内容。游戏中真实与虚拟的界限模糊了玩家感受到真实的体验。

在 20 世纪 80 年代通过调制解调器进行拨号上网的时代，网速带宽的有限基本上是通过网络进行实时文本聊天。到了 90 年代对于大多数计算机用户而言，几乎所有的互联网都是基于文本的，但这并不意味着用户没用图形进行表现。很长一段时间表情符号规则的标点符号的图形操作是主要使用的"化身"，在日常的计算符号或图标制作传统使复杂的事物容易解码。摆脱文字阅读的线性逻辑更加倾向于当下的直接反应与判断。"拼音字母表是技术手段,它切断了口语词与其声音和手势的联系。"(McLuhan,1964:193)"功能的分离,阶段、空间和任务的分割,是西方世界偏重文字和视觉的社会特征。有了电子技术瞬间产生的有机联系,上述分割就区域消融瓦解了。"(McLuhan,1964:247)

从简单的文字 MUD 游戏,到 MMORPG 大型网络在线游戏,玩家的感知方式发生着变迁。麦克卢汉认为:"对理性的人,在新的物质形态中看见或认出自己的经验,是一种无须代价的生活雅兴。经验转换为新的媒介,确实赐予我们愉快地重温过去知觉的机会。报纸再现我们使用自己五官的激情。借助使用五官,我们把外部世界转化为自身的肌体。这种转换所唤起的激动之情能够解释,为什么人们十分自然地希望时时刻刻都使用自己的感官。称为媒介的感官外在延伸,我们随时随地都在使用,正如我们任何时候都在使用自己的眼睛一样,而且我们使用媒介的动机和使用感官的动机是相同的。相反,倚重书本的人却认为,无休止地使用媒介是堕落的表现;在书籍世界里,他是不熟悉媒介之中情况的。"(2000:264)网络游戏,界面的直观性、叙事的扁平化、角色设定的自由度,唤起玩家的感官调度,强化了视觉、听觉,改变了文字对信息的分割肢解,提升了玩家的当下反应与感知。

二、游戏玩家与玩家的互动

游戏玩家与玩家的互动,这是游戏的核心。"设计师不再只是创建游戏,而是不得不为人与人之间的交流和互动设计一个平台。"(弗里德里,2006:104)人与人之间的互动构成了人际交往,Heeter 曾用互动 M 面向(dimensions of interactivicy)的概念描述人际交往中的互动:对方提供可选择信息的复杂性、对方对个体的反应程度、对话的努力运用程度、对方对个体的信息越多互动性越高。(Heeter,1999)在网络游戏中,玩家间的信息交流不仅是聊天与交友,更重要的是在虚拟现实的游戏环境中,进行互动的游戏。玩家的参与直接影响到其他玩家对游戏世界的感知。参与到团队中，与来自世界各地伙伴们并肩作战。未曾谋面，但玩家并不孤独，感受到人与人的互动。为了更好与他人互动交流，玩家通过不断地完成任务，提升自身的等级与经验。

"游戏在很大程度上由游戏规则决定或定义，而游戏与现实世界之间又有着对应、象征、类比或者隐喻的关系。"（李立，2012）在游戏体验与设计方面，单机 RPG 或冒险游戏与数以万计玩家参加的网络游戏有着明显不同。一个特殊的冒险故事的设定可以围绕一个玩家或者一小群玩家量身定制，但为众多玩家同时提供一个适当的活动是具有挑战性的。在大规模的人群中个体需要必然具有差异性，对不同的玩家团队进行同样风格与效果的射击游戏必然导致冲突。例如关于《栖息地》的"大辩论"集中在枪以及相关的对决（Player Killing）的活动中，许多玩家争论的核心问题是关于游戏的"真实"的身份，将化身或游戏角色视为一个人的延伸，因而视角色为一个真正的人？还是游戏中的玩家？还是表示近似于吃豆人注定要不断地死亡和复活或者别的什么东西？

玩家多克托罗回忆道："我和伙伴几乎都是虚拟的。我几乎没有跟我的同伴有任何身体接触……最近我一直感觉很怀念我过去的日子，我会每年夏天都要去夏令营。在夏令营我会花很多时间躺在湖边的吊床上……唯一能想到的就是独自躺在吊床上弄清楚玩什么游戏。"（Coleman, 2011:52）多人游戏让玩家在游戏中交流与合作。在这些游戏中玩家间的相互交流成为游戏的重要组成部分，大部分游戏支持文本聊天，有一些可以用肢体语言表达，而另一些专注于互动形式，有非常具体的行动和目标导向。

三、玩家与游戏的互动

通过图像、声音、情节等因素，游戏为玩家提供了一个虚拟现实的环境。进入游戏世界，玩家的行为、动作以及策略，不仅受到其他玩家的影响，同时也受到游戏环境

| 媒介环境学派视角下的 网络游戏玩家研究 |

的制约。玩家必须遵守游戏的规则,在虚拟环境中创建自身的空间,区分私人空间与公共空间的边界。"为不同类型的互动使用不同类型的环境的思想不会终止于'谋杀或交谈'。让玩家创建(或许还要设计)他们自己的个人空间,用于他们的团队或部落环境、比赛竞技场、训练营或会议室。这可能是仅从事贸易的市场、演说区、拍卖商、完全无声区、联络任务或仅短程武器的关卡。"(弗里德里,2006:81)同时,网络游戏在屏幕上呈现游戏世界的俯视图和侧视图等比例视图、过肩视角、第一人称视角等方式,每种视图都有它自己的优缺点,并且经过证明可最好地适合于特殊类型的游戏,设计中考虑的特殊关注体验的意义。(弗里德里,2006:93)即游戏中的视角关系到玩家化身体验。

游戏《古墓丽影》(*Tomb Raider*)是"第三人称射击游戏",因为虚拟摄像机跟随劳拉,通常在肩上或从后面。在古墓丽影的设计上,也有从 20 世纪 80 年代流行的冒险游戏的明显影响,包括《国王的任务》系列(塞拉利昂)、由 LucasArts 工作室开发的《印第安娜琼斯》和《最后的十字军》游戏(1989)。双方代表和游戏玩家的关注焦点,通常是更多地集中在第三人称射击游戏主角。第三人称射击游戏的主角通常有一个名字和一些个人的历史背景,而相比之下,我们所看到的在《毁灭战士》中玩家只是持有武器的手摆动在屏幕的下方,并使他脸上的图像可能反映了其受损坏的伤痕数量。由于二者的视角不同,给玩家带来的体验效果有着明显的差异。当玩《毁灭战士》之类的第一人称视角游戏时,玩家会有很强的"我在场"感,没有中介的角色而是作为视觉中心。游戏过程中,需要检查某个角落是否有怪物伏击时,玩家需要调整角色的身体,才能观察到。调整身体的方式,正是通过鼠标与键盘的协调操作,屏幕上出现的画面,即角色眼中的第一视角。《古墓丽影》的身份感与沉浸感与之相区别。玩家在屏幕中,可以看到劳拉的角色行动,控制她进行跳跃、攀爬或战斗。学者 Kennedy 认为,"角色的展现方式影响到游戏体验,除了操控角色完成游戏行为活动的同时,作为玩家，同时可能在欣赏劳拉性感的身材。"（2002）学者 Espen Aarseth 持有相反的观点，他认为视角的变化不会影响玩家的体验。"我在游戏的时候，并不会注意劳拉的身体，而是她的周围情况。"（Aarseth, 2004a：48）但无论怎样，《古墓丽影》是一个动作类型的游戏，角色的特征会对玩家感受角色的性格、内心产生一定的影响。在游戏世界中进行探索，一个优美性感的角色随着光标的指示，发生行为动作，不可避免地唤起玩家更多的想法，甚至幻想。

  Scheel 也有相似的看法："一个观点是通过第一人称视角可以给玩家更大的投入感，虽然在场景中看不见自己的虚拟角色，但是感受却很强。而当玩家控制的虚拟角色可以看到时，看到虚拟角色遭受打击，玩家会畏惧那些想象中的疼痛，看到虚拟角色躲过物理伤害，玩家会松一口气。这仿佛游戏中的虚拟角色是一种代表玩家的有知觉的魔咒娃娃。保龄球手是这种现象的另一个例子，当保龄球顺着球道滚向球瓶时，球手会尝试着对其施加某种身体语言。这种行为主要是潜意识的，是保龄球手将自己投射到球上的结果。在这个场景里，滚动的保龄球是球手的虚拟角色。"（2010:270）第一人称视角更加接近于玩家置身于真实的环境之中，通过自己的研究观察周围的世界，产生强烈的互动感。《网络创世纪》等游戏通过等比例视图的方式，提示给玩家环境与化身的方位与关系，有助于玩家更好地进行布局与调度。在这种观念的互动话剧中，玩家扮演一个第一人称为一个戏剧性的故事人物角色，玩家不是在表演剧本中的内容，而是通过屏幕化身的行动沉浸在故事中。

第二节
沉浸感

一、沉浸感定义

"沉浸"的概念广泛使用在电脑游戏的体验中。游戏玩家、设计师、游戏研究人员都在使用这个词。沉浸体验，是一种强烈的临场感受体验。纽约视觉艺术学院 Joseph Nechvatal 博士对沉浸做了这样的定义："沉浸感是当人们面对人造的、引人入胜的事物时对自身物理性存在感的削弱或丧失。这种精神状态中，人们常常可以感到自身抽离出现实空间，对现实中的周围环境毫无察觉，注意力仅仅集中在某一个虚拟的时间和空间之中。"（2004）莫里认为，计算机媒体不仅提供了某种我们可以访问的空间，而且将我们带到可以将自己的幻想付诸实施的地方。不论幻想本身的内容如何，亲历仿真之境的体验都是令人愉悦的。我们将这种体验称为"沉浸"。（Murray, 1997:98）新媒体艺术理论家阿斯科特认为"沉浸是走入一个整体，由此消解主体与背景"。（Ascott and Shanken, 2007）

在媒介研究领域,"在场"(presence)与"沉浸"紧密联系:"在场"是心理学对无中介的体验,例如由电脑生成的世界形成的在场,而不是用户使用电脑的过程成为在场。(Lombard, 1997)"沉浸"强调处于大块物质之内,"在场"强调位于轮廓清晰的实体之前。"沉浸"因此将世界作为生活空间以及具体化对象的支持环境来描绘,而"在场"则使知觉主体面对个别对象。丁虹等人发现将触觉、嗅觉特别是听觉中介加入虚拟环境中会增强用户的在场感。而且,增加视觉细节及生动性并不会导致在场感的增加。他们解释说:原因在于虚拟现实本质上是有关视觉显示的,因此,即使低质量的环境仍然包含了视觉中介,但其他感觉中介则不一定。(黄鸣奋, 2011:1425)我们不会在一个没有建构它的对象的在场感的世界中觉得沉浸,对象如果不是与我们的身体相同的空间的一部分也不会对应我们在场。这一思路意味着决定一个系统的交互性程度的因素,也对其作为沉浸系统的表现有贡献。(Ryan, 2001:65,67,68)关于沉浸可以被定义为被我们所关注的整体感觉包围的现实。(Murray, 1997)"沉浸"与"在场"相互关联,有时表述相近的意义。但是,"在场"由远程操控(teleoperations)发展而来。(McMahan, 2008:67-86)在回顾在场的原因与效果时,隆伯德等人发现增加感觉中介数目会增强在场。然而,这些中介必须彼此一致,并与虚拟环境一致,才能有效。不一致的中介将强调环境的人工性,减弱在场。他们发现图像质量、尺寸及观看距离对有效的视觉中介也是重要的。质量与广延被发现是听觉中介的重要方面。(黄鸣奋, 2011:1425)在网络游戏中,研究人员用"沉浸"术语来表达,因为它能更清楚地表达参与游戏的心理过程。劳雷尔认为:计算机游戏的参与感和交互性的频率、范围、意义都有关,但也可能有其他来源,如感觉的沉浸、肌肉运动知觉与视觉反应的结合等。(Laurel, 1991:20,21)网络游戏,通过对现实物象、声场、甚至气场、重力、气味的模拟再现了一个"真实世界",参与者置身其中能感到超乎现实的真实感,营造沉浸的在场效果。

二、沉浸感类型

曼洛维奇（Manovichm Lev）认为新媒体设计有两种不同目标：让用户沉浸于与传统小说相似的想象性虚构世界，让用户有效访问信息体（如搜索引擎、网站或在线百科全书）。（Manovich, 2001:16-17）第一个目标是基于媒介对感知模式的塑造，第二个目标是基于媒介内容的生产，网络游戏为玩家提供了上述两个方面的需求。下面将文学中的沉浸感与网络游戏的沉浸感进行分析。

（一）文学沉浸感

Ryan将文学和虚拟现实中的沉浸进行比较，对沉浸类型提出了划分，并做了更加细致的分析与描述，认为"沉浸"包括三种基本类型："空间沉浸，对环境的反应；时间沉浸，对情节的反应；情绪沉浸，对角色的反应。"（Schneider, 2008:13）

第一，空间沉浸。这种类型在书面文本时代就已存在，阅读经常被作为一种沉浸性体验。沉浸要发生，文本必须提供可以沉浸于其间的宽阔区域，亦即形成了某种"世界"。文本世界的观念至关紧要的含义关系到语言的功能。在作为世界的文本的隐喻中，文本被理解为观看某物之窗口，这种东西存在于语言之外、扩展到窗口框架之外的时空。在当代文化中，电影是所有媒体中最为沉浸性的，在虚拟现实被完美化并变得普及之前，没有其他的呈现形式可以使自己的能力向空间扩展，使静画的细节完整性、时间的叙事的力量、用作参考的流动性（穿过时空跳跃）与语言的总体流动性结合起来。这可以解释为什么沉浸在书中被比喻成"在头脑中过电影"。由于读者对故事加以仿真，人的心灵顺理成章地变成稳定图像流的剧院。（Ryan, 2001:90）Ryan所指的空间沉浸，并非物理空间意义上的沉浸，而强调心理空间的沉浸。

第二，时间沉浸。从总体上说时间沉浸的现象学基础是"有生命的"或"人类的"时间体验，与可能被称为"客观的"或"时钟的"时间相对而言。特别地说，悬念的现象学基础也是如此。如果时钟有哲学的心灵，它们会将时间描述为机械的、无意义的、无目的、自我包容的，时刻地连续一个包含了过去的记忆与未来的前兆的移动窗口。正是因为先前的音乐存活于现在的音乐，因为现在的音符预示其后来者，我们才感知到旋律线；与此相类似，正是因为过去事件投射影子于未来、限制了下一步所发生事件的范围，我们才感知到叙事线并体验到悬念。从总体上说，时间沉浸是读者卷入于叙事时间的进行，得以提纯潜能域、选择一个作为事实的分支、将其余界定为永远虚拟或反事实的领域，并作为这一选择的结果不断生成新的虚拟性范围的过程。时间过去对于读者有关系，是由于它并非只是时间颗粒的积累，而是一个揭示的过程。（Ryan, 2001:121,141-143）游戏中的时间，既是虚拟的，也是真实的。玩家花费大量真实的时间沉浸在虚拟的时空中，享受心理时间的沉浸。

第三，情感沉浸。自从亚里士多德将悲剧的效果定义为净化或通过恐怖与怜悯的纯化以来，文学小说可以在读者身上唤起与现实生活条件下同样的情感反应谱系（移情、悲哀、安慰、欢笑、羡慕、困扰、害怕，甚至是性唤起），这一点已获得公认。（Ryan, 2001:148）

（二）游戏沉浸感

与读者沉浸在文学的文本剧情中相比，玩家沉浸在网络游戏的游戏情节之中。国际游戏开发者协会（International Game Developers Conference）创始人、游戏设计专家 Ernest Adams 将沉浸分为三大门类（Adams, 2004）：第一，感官沉浸：是一种在完成有技巧的触觉活动时产生的体验。如电子游戏中的玩家会因熟练的技术动作而获得成功的沉浸。第二，战略沉浸：是一种更加依赖于大脑，与精神挑战密切相关的沉浸形式。如围棋选手沉浸于一种谋局布阵的体验。第三，叙事沉浸：是观众沉浸于故事情节的欣赏体验。如沉浸于书本或电影故事。

Ermi 和 Mäyrä 通过心理学分析，将游戏沉浸分为三种形式：感官沉浸、挑战沉浸和想象力沉浸（图 3-3、图 3-4）。（2005）

第一，感官沉浸。《毁灭战士》中玩家通过交互式图像与音效，带给玩家强烈的感官沉浸体验。目前这种现象通过媒介控制用户参与拟像程度进行研究。（Tamborini and Skalski, 2006:229）因此我们很容易理解《毁灭战士》的玩家在游戏时，闭上灯，戴上耳机，避免外部环境因素对其沉浸的影响。当普通的外部感知被切断后，游戏玩家将完全沉浸在游戏所模拟的环境中。（Mäyrä, 2008:108）网络游戏中，玩家通过视觉画面、听觉效果，在交互中，产生感官联觉，而沉浸于游戏之中。

第二，挑战沉浸。在游戏环境中，玩家动作的自由性、速度与即时性以及游戏强烈的节奏感可能会带给玩家基于挑战的沉浸感。这样的沉浸也被视为游戏体验的核心元素，即使在看似简单的数字游戏中也存在，如游戏《乓》或者《太空侵略者》，通过不断地控制球或者射击外星人，来提高玩家的成绩，保持对游戏的长时间关注。

第三，想象力沉浸。游戏玩家的情绪与想象力一样，沉浸在游戏世界中。《毁灭战士》就带给玩家情绪化的吸引。玩家体验来源于穿越狭窄的走廊，听到周围某处的威胁咆哮，有时突然熄灭的灯光下突然冒出的袭击等。这样的情景给玩家带来过山车一样的刺激感，同时如果鬼屋一样的虚构情节，也给玩家带来心理情感的暗示与冲击。《毁灭战士》的出现，带给玩家从兴奋到恐怖的多样性刺激体验。一些游戏评论家认为，这是第一个能够带给玩家如同小说或电影一样恐怖体验效果的游戏。学者 Ryan and Marie-Laure 指出（2006:187-189），通过文学研究的视角，分析游戏的沉浸与虚拟现实，指出了文学文本的读者早已沉浸其中的强大作用，即使在没有任何先进的视听技术的前提下。这种文本具有强大参与性的核心是焕发了读者的想象力：读者构建一个幻想的文本世界而沉浸其中，经常出现将情感卷入角色的生活中，并经历虚幻世界的生活。当这样的情况发生在数字游戏中，我们称为想象力沉浸。网络游戏的剧情为玩家的文学沉浸提供了必要的内容，从而，玩家在游戏中体验到文学叙事所带来的沉浸。游戏中

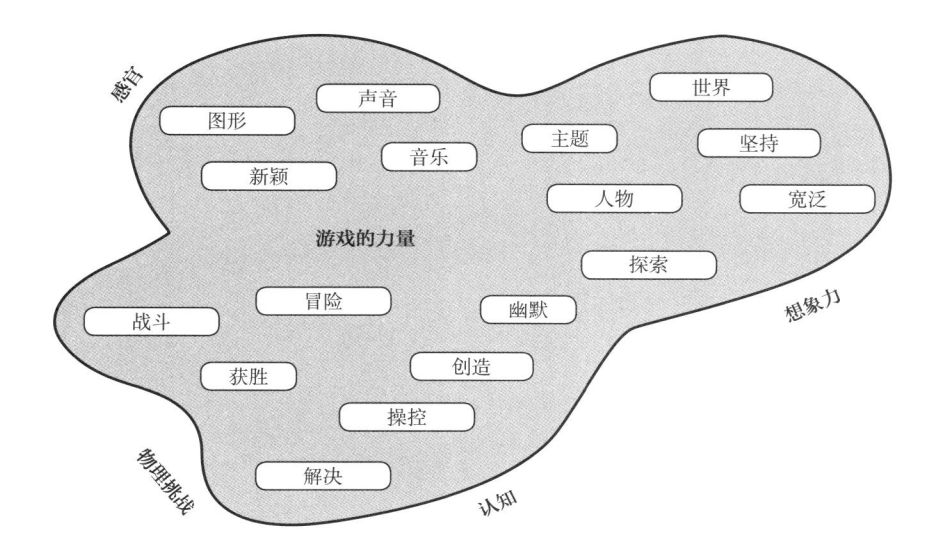

图3-3 游戏沉浸的形式

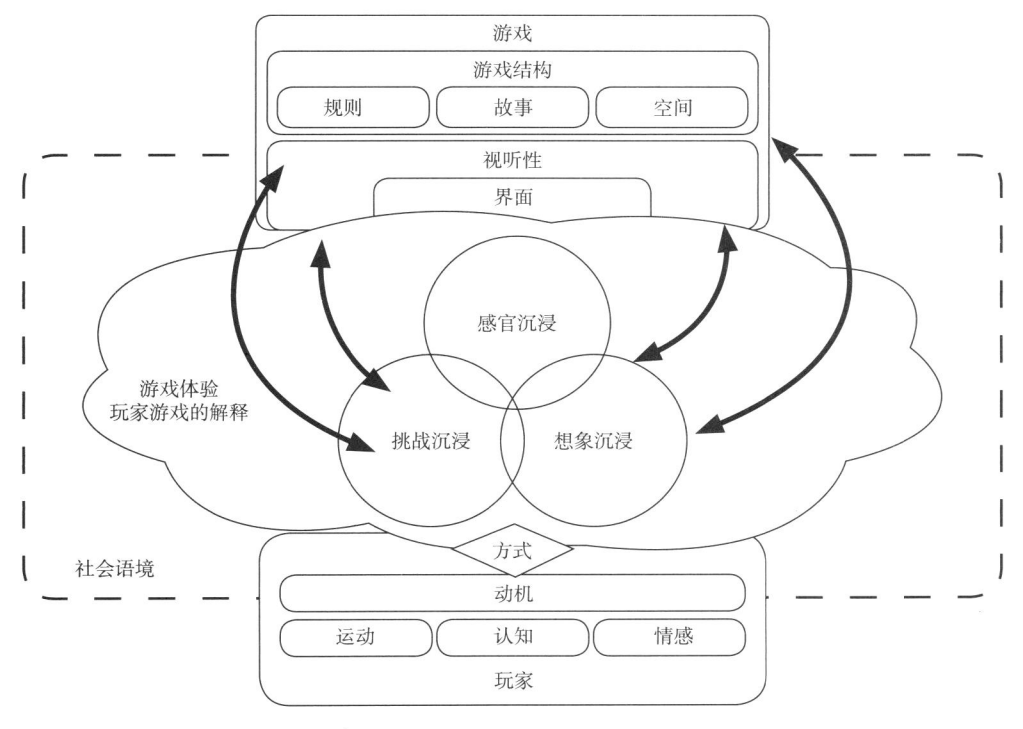

图3-4 沉浸的三个维度和相关元素

虚构的人物与环境并不需要与特定具象的或者交互技术相关联，就如同1980年代的文字冒险游戏。想象是玩家的活动性而非技术或媒体的属性，是三种类型的沉浸感中游戏体验更一般的模型部分。

游戏中的多个类型的沉浸感强调数字游戏的多维度特征以及与之关联的玩家体验。研究表明不同游戏玩家在玩他们喜欢的游戏时有着不同的体验，《迷宫骇客》（*Nethack*）或《文明3》（*Civilization III*）的玩家对挑战沉浸感的出现频率高于《第二人生》的玩家。另外，与《半条命》等第一人称视角的游戏相比，基于文字的冒险游戏，其玩家的感官沉浸感较低。而现代角色扮演游戏中玩家的想象沉浸感较为突出。（Ermi and Mäyrä, 2005）文字与视听，不同表现方式的游戏对玩家产生了多维度体验。

三、游戏中的沉浸感

穆尔认同麦克卢汉的"媒介就是讯息"的表达，认为不同的媒介用不同的方式系统地阐释了我们的体验。唯有通过媒介，体验方可获得，抑或讯息的传播才构成了体验的内容。"用口头话语、印刷文本或者无线电文献片来表达，构成了三种不同的阐发方式，从而在实际上变成了三种不同的体验。换句话说，媒介不是透明的窗户，虽然它们提供了一种视野，可以看到由客观空间与时间加以界定的外部现实，看到由主观时间与空间赋形的内在现实，但是，它们却是——把前面用过的隐喻加以拓展为一个不同颜色的眼镜，以不同的方式塑造着我们的体验，在某种程度上，方式甚至决定了它们的内容。"（约斯·德·穆尔，2007:86）

第一个基于文本的网络游戏是《多用户地牢》（又称《泥巴》，*MUD*）。基于文本的游戏，玩家通过幻想的角色扮演为基础。现在已经带来网络虚拟世界中的大型多人在线游戏的曙光，是图形模拟的虚拟世界，有着丰富的图形和互动的体验。基于文本和图形的世界是图形化的世界在目前的维度之间的主要区别。将虚拟的化身，通过视觉经验的可视化，增强玩家的沉浸感，并实时了解角色运动、方位以及周围情况。我们不仅可以看到虚拟世界，甚至可以创造，生活在游戏世界的玩家，通过图像、动画，获得更多的体验。例如，当玩家的杯子掉到地上，在一个基于文本的世界，出现一行字符，"向所有玩家提示：某人把杯子掉到地上。"而在图形化的游戏世界中，玩家会看到手将杯子碰到地上的画面。视觉画面直观地展现实时发生的情景，给玩家带来更加真实的经验，而不是由文本叙述玩家的动作。

默里（Janet Horowitz Murray）认为：正如读者反映批评学派所揭示的，阅读行动绝非被动。读者在阅读过程中的心理活动是非常活跃的，他们运用自己的生活经验去破译作品所传达的信息，与人物分享各种情感变化，并创造出仅属于自我心灵的想象世界。阅读作品是如此，观看影视亦然。如今，在进入虚拟世界时，人们可能有两种不同的心理取向：一种是抱着批判态度，对所见所闻都加以审视，不断从中发现破绽；另一种是抱着移情态度，试图随风入俗地配合有关场景去创造某种幻象。这就有个信与不信的问题。事实上，绝大多数人并不只是自愿地将怀疑批判的理性倾向加以悬置，而且是积极主动地展开想象，运用创造力，以求"信以为真"。（1997）

玩家正愉快地玩着游戏，突然屏幕冻结了，密密麻麻的段落突然出现在闪烁的屏幕上。玩家可以按压一个按键让这些文本消失并重新开始游戏，你的文字将被华丽的计算机图像和活跃的行动所取代。玩家可以随时按压这一按键，他们没有理由不这么做。在图形拟像的空间中，不是通过文本叙述故事，而是通过化身的可视化来表述。玩家看到化身的身体与动作，便于与其他玩家化身沟通，实时多用户的参与方式，让游戏世界更加充满未知与开放。

乔伊斯（Michael Joyce）的《面向对象的多用户网络游戏或谬误》（1995）一文认为：文字性面向对象的多用户网络游戏是过渡性的，迟早会被基于图像的虚拟空间所取代。尽管如此，它仍有助于我们认清多数虚拟现实设计的致命缺陷，就是将我们对世界的体验错当成我们所体验的世界。若认为机器必须表现视听世界心理幻想的无缝性，那是误解了他者在场的不可否认、不可避免的中介性，即感知点的相互决定性。在面向对象的多用户网络游戏之中，我们若将所见之故事当成我们所见之人的故事或他们之所见，那是错误的。我们在多用户网络游戏中面向对象那段时间的遭遇的日志，在某种意义上是不可能的。即使我们将构成个人视点的日志结合起来，我们也无法拥有拐角处的文本，不论是那些未见到的选择，或者那些不了解的邂逅。我们是将自己对世界的体验当成了我们所体验的世界。虚拟现实设计者若以视角统一化为基础，那是愚蠢的。（张怡等，2003:35-48）与之相反，学者 Aarseth 认为，对于游戏体验的恰当模型就是生活本身，而不是读小说、看电影。他把生活比喻游戏，提出了很多的论点：第一个是玩家的个人参与感，"在游戏中，就像在生活中一样，其结果（获胜，失去）是真实的个人体验，而不是故事。"（2004b:368）游戏中的胜利或失败，是根据严格的游戏规则与玩家的游戏活动产生的结果。现实生活中的活动与之相比，区别在于游戏中的死亡意味着游戏的结束，玩家可以选择重新开始；而生活中的生命只有一次。网络游戏中，游戏的胜利与失败，取决于玩家的化身完成任务、避免危险、取得奖励的情况，而不是玩家的真实身体。也就是说，玩家的赢与输，是化身完成活动的情况，不会危及玩家真实的安全。很多杀人、受伤、死亡的感受，在游戏中发生，而非现实生活中，带给玩家刺激、愉悦的体验。

另外，Aarseth 认为，玩家的行动是相对自由的："在游戏中，事情的发展是由玩家的能力所决定的。"选择性也是生活的一个基本特征，而小说与电影都是预先设定好的方式呈现在观众面前。游戏提供给玩家一个从事体验的任务，而不是被动的阅读故事。（2004b:368-369）玩家通过键盘、鼠标，进行任务命令的下达，这些行动在屏幕上进行呈现，而不是进行故事的描述。

玩家参与到内容的生成与情节的制造过程中。游戏设计师不再是唯一的故事决定者，而是一个多维叙事空间的创造者，提供了多样化的平台，供玩家创造一个与自己相关联的故事。

文字留给读者更多思考的时间与空间；电视画面快速地在屏幕上播放，缩短了反应时间与思考空间；网络游戏的玩家，不断地根据游戏情节进行着当下的体验与判断，沉浸在实时互动的游戏中。"数字虚拟艺术消除了传统审美的心理距离，将有距离的静观审美转化为无距离的审美沉浸。"（柳红波，2008）数字电影中的以假乱真的三维特效，网络艺术的超现实互动，虚拟现实艺术营造的多感官仿真幻境以及充满趣味的互动式视频游戏，这些数字媒体艺术作品在观众头脑中营造的虚拟世界都比传统电视剧、电影来得具体而生动，按照麦克卢汉的理解，数字媒体艺术是比电视、电影更热的"热媒介"，人们可以轻易地进入沉浸式体验的状态，有时甚至有些欲罢不能。

保罗·维里奥（Paul Virilio）在《消失美学》中所提出的"瞬间失意"（或译为"走神癫痫"）心理学现象，同时也是美学现象，可以在此描述这个过程。保罗·维里奥的"瞬间失意"，描述了人所经历的一种特殊的生理和认知的缺席状态，是人的认知形式的不在场或从身体中消失的时刻，精神和肉体此时出现分裂的状况。诸如我们的白日梦与精神溜号这样的行为，这样的失意现象对数字媒体互动艺术的审美研究提供了新的启示。在互动参与的过程中，数字媒体技术所营造的虚拟现实的环境使审美认知的主体完全沉浸在其中，其虚拟现实的体验所激发的参与者的感受超出了以往真实物质世界的感受，从而激发了身体与意识的脱离，参与者整体的感觉是游走于魔幻、神奇的空间，带来了新的审美体验。这种审美体验，是由交互装置对参与者的感官刺激而引发的心理体验产生，虚拟现实的环境使参与者暂时忘却其肉体的存在，进入精神盛宴的狂欢之中。雅克·德里达曾说："当对一个映像的最初感觉跟再现之结构发生关系时，我们就开始进入充满幻影的王国。"（Payne, 1989:61）现代美学与文艺心理学对这种在场与不在场的艺术映像曾经进行探寻，对今日的数字媒体互动艺术美学提供了借鉴，在场与不在场的审美关系对美学的建设有着同样的价值。尽管参与者的个人生活经历与个人情感有所差异，感官对作品的反应的强烈程度体验不同，但无论是哪种情况，参与者的感受是数字化的真实，这种真实强调美的瞬间体验。压缩的时空、超现实的梦境体验，使人对真实与虚拟的界限在这里已经不再重要，重要的是体验与感受。视频游戏艺术形式的沉浸式体验使互动的方式得到了升级。

人类在虚拟环境与游戏中的体验，被定义为是玩家感知、思考、情感、行为、意义的组成。因此在游戏与玩家的交互过程中，直接或者间接地产生了某些元素。这也是导致建议游戏更是艺术而不是媒介的原因。玩家不是投入已经做好的封闭的游戏之中，而是带着自己的目的、期待和曾经的经历投入游戏体验的建构中。罗伯特·普法勒尔曾经指出一个令人惊讶的事实，许多录像机的拥有者虽然常常保存所录制的电影，却从不观看，但他们从中获得某种快乐。他们不仅想以一种非互动性的方式潜心创造艺术品，他们甚至从拥有外源性的器具或拥有他人成果的情况中获得这种被动的愉悦。（转移自约斯·德·穆尔，2007:63）游戏的玩家，参与到游戏叙事中，同时，也在作为观众，观看着他人的状态与进展。

Grodal（2003）认为游戏中的重复特征是玩游戏的乐趣。面对一个新的游戏，玩家在陌生与挑战中，开始探索游戏。经过不断地努力和重复后，玩家可以达到掌握游戏技巧的地步，然后，会感觉游戏不那么好玩了。因此，游戏可以被视为难题，玩家试图通过探索，来解决游戏世界的问题。（Newman, 2004）

阅读文字需要学习、训练才能掌握与理解；观看电视则不需要太多的训练便可理解信息，正如尼尔·波兹曼所谓的"童年的消失"。网络游戏的操控，不仅让成人与儿童的界限消失，同时模糊了虚拟与现实的界限。

网络游戏是利用故事分支或者消失在大量的可能性

中，互动式地讲述故事。说明和线性叙述通常都是笨拙的、不可能的或者迟钝的；玩家正在使用屏幕上的一切内容去形成有关他们正在做什么以及为什么在做这些事的理念；游戏设计师则将故事悄悄地整合到游戏中，将其置于满是灰层的角落并分层整合到世界的其他部分中，嵌入战斗机制、关卡等结构以及音频线索中，或者留给玩家半个线索去填充。

德国媒介理论家赫尔撒·史特姆（Herlha Sturm）在关于人们对电视的认知反应的文章中，发现：当我们看电视时，我们被拒绝给予足够的时间来充分地、有意识地整合信息。麦吉尔大学传播学研究者兼麦克卢汉计划的合作伙伴爱德华·雷诺夫·斯洛派克（Edward Renouf Slopek）重新研究了这一论题，他用"使间隔消失"来表明电视消除了距离感——刺激和反应之间的间隔——以及在我们有意识的心智中处理信息的时间。这暗示着电视留给我们对所看到的东西作出反应的时间很少很少。（德克霍夫，1998:13）

尽管虚拟现实VR目前还有不足，但VR中的触觉模拟比视觉模拟要更强大，因为它支持三维图像。人们认为三维图像是视觉的，但三维图像的主导感官则是触觉。当你在VR中四处闲逛时，你的整个身体都与周边环境接触，就像你在游泳池中身体与水的关系那样。正如贾荣·拉尼尔针对虚拟世界所言："整个宇宙都是你的身体，物理学就是你的语言。"三维的中心要旨是渗透力和深度，而不仅仅是视觉的透视角度。事实上，计算机模拟的过程就是逐渐地延伸进入一种触觉环境。从二维到三维，以及再到触觉和力反馈感觉能力的迅速发展，我们正在被一个有着丰富结构的电子化的漩涡吞没。（德克霍夫，1998:57）

学者McMahan指出在电子游戏中创造沉浸感的因素：游戏的规则符合玩家的期望；对于玩家而言，在做一件有意义的事情；一个连贯的游戏世界。（2008:67-86）由此，虚拟的"现实"是你能够触摸和感受的一种现实，就像我们用真实的感官来看和听一样……不仅仅是你的心智的眼睛或耳朵。我们现在可以把"心智之手"加入我们的思维中。事实上，通过戴上数据手套（Dataglove）伸入屏幕，我们的真手就会变成一种技术上的隐喻，使有形的事物都能清晰可见，今后我们也许会想"摸一摸"我们思维的内容。但在 VR 发明之前，没有人会想到一只"心智之手"。这一概念自身并没有出现，看起来似乎对于触摸心智中承载的对象并没有专门的需要。今天，在我们其他的技术感官（techno-sensorial）延伸和心理—技术延伸之中纳入触觉，可以激发我们或我们的孩子改变对于我们如何构造心智的看法。（德克霍夫，1998:59）随着数字网络技术的不断发展，游戏根据平台的差异，呈现出多元化形态，如电脑客户端网络游戏、移动客户端游戏、网页游戏等。与传统游戏相比，数字游戏虽然形态发展了较大的改变，游戏内容丰富多彩，但从本质上看，简单的游戏，如纸牌、棋类游戏，从规则、目标、反馈等游戏要素，到带给玩家的体验、趣味、惊奇等特征，与当今的网络游戏并无二样。但是，由于媒介特征的变化，网络游戏带给玩家更强有力的视觉画面与沉浸体验，可以更直观地参与到游戏的互动之中。

第三节
心流体验

美国学者米哈里·契克森·米哈赖（Mihaly Cziksentmihalyi）在观察社会活动家、艺术家等人群时，发现当人们在某种有即时反馈的情况下，常会有欲罢不能的趋势。在其论文 *Flow-the Psychology of Optimal Experience* 中，主要研究人为什么会专心致志，浑然忘我。他研究人获得快乐的方法，并称为心流（flow），通过"最优体验"来描述某种时刻，这种时刻是能让人感觉到一种快乐、一种忘我的美妙体验，当一个人的身体或心理自愿发挥到极限去完成某项困难的或值得去做的事情时，集中注意力，并且过滤掉所有不相关的知觉，这种最佳体验就会产生。契克森认为"心流"构成的因素（Csikszent, 1991:48-66）：

(1) 具有挑战性的活动。
(2) 人与行动的合一。
(3) 明确目标。
(4) 及时反馈。
(5) 全神贯注。
(6) 掌控自如。
(7) 浑然忘我。
(8) 时间感异常。

目前我们通过广为人知的"心流"来解释玩家持续游

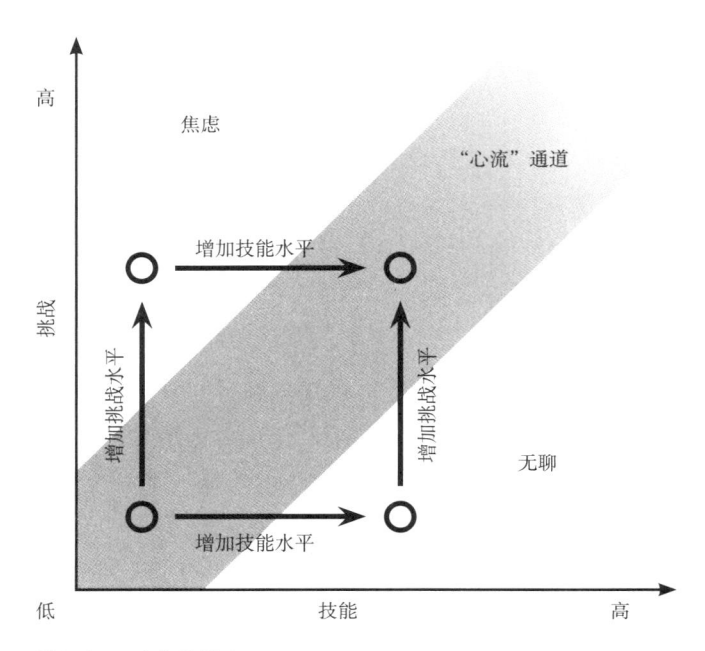

图3-5　心流体验图示

戏的全心投入状态。其心流体验的特征是"在心流中会把生活中所有不快乐的事忘得一干二净。这是因为要想从活动中汲取乐趣，必须全心全意地专注于手头的工作，所产生的重要副产品——心流状态下的心灵完全没有容纳不相干资讯的余地。"（米哈里·契克森·米哈赖，2011:77）

　　同时，设计出心流体验区间的模型图（图3-5），用来解释心流与挑战难度的关系。游戏玩家通过反复的练习，会在完成挑战的过程中，释放心流，享受到高超的技艺与胜利的体验。

　　契克森的理论从心理学的视角，对心流进行了分析，并非针对网络游戏进行研究，但其成果对网络游戏的设计与玩家沉浸研究具有参考价值，尤其是对于网络游戏这样的交互媒介，其特征与构成"心流"的要素有着紧密的联系。

　　很多游戏学者根据契克森的"心流"理论，进行了关于游戏"心流"体验的分析与研究，其中《游戏中的心流》（Flow in Games）最具代表性，陈汉星（Jenova Chen）从游戏设计的视角对契克森的"心流"理论进行了修正，做

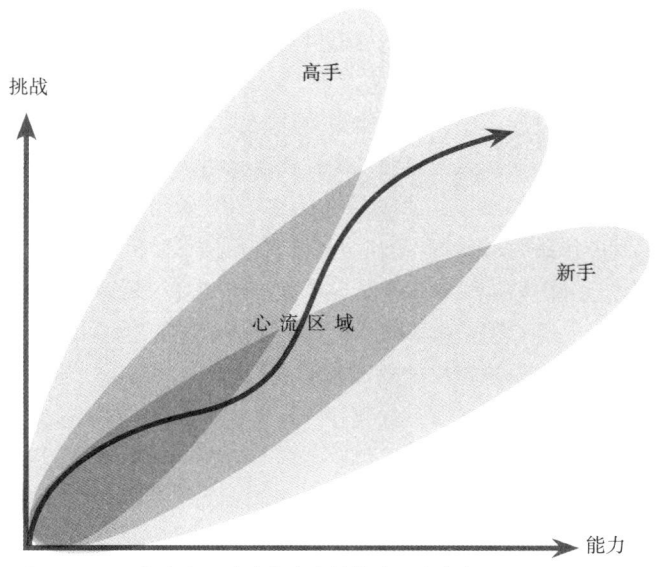

图3-6 以玩家为中心的动态难度调节的心流体验

了更加深入的研究,并提供一种独特的方法论,用以指导游戏设计中的以玩家为中心的动态难度调节(DDA)(图3-6)。陈汉星在文中认为,针对电子游戏而言,契克森构成"心流"的八个元素并非是必不可少的,其中四个元素是必备的(Jenova Chen,2006):

(1)作为前提,游戏是奖励性质的,且玩家有能力进行游戏。

(2)游戏提供了符合玩家能力的正确的挑战难度(量),从而允许玩家深入到游戏当中。

(3)玩家需要拥有对游戏中活动的个人控制感。

(4)作为结果,游戏将会让玩家丧失时间感以及自我意识。

为了让一个游戏可以被不同类型的人所接受,游戏本身必须保有以上四个元素,尤其是第二项,即基于玩家的能力对游戏挑战(难度)进行调节。Jenova Chen 的理论,强调游戏玩家的个体差异,为了更好地满足差异性,通过提供更加广泛的潜在体验来适应不同程度的玩家"沉浸区域"。

CHAPTER 04

Chapter 04
第四章　数字人的触觉性视觉

第一节
"数字人"的提出

一、赛博格的启示

赛博格（cyborg），又译电子人，是指人的部分或者全部生理机能由电子或者电动机械装置代替行使的人；在人文和社科领域，电子人象征着新的人群或人类进化的新方向。美国技术哲学家堂娜·哈拉维（Donna Haraway）在其论文《赛博格的宣言：20世纪80年代的科学、技术和社会党的女性主义》（1985）中，提出了"赛博格女性主义"理论，这个概念源于美国航空和航天局的两个科学家曼弗雷德·克林斯（Manfred Clynes）和内森·克兰（Nathan Kline）。20世纪60年代，这两个科学家从cybernetic organism（控制有机体）两个词各取前三个字母构造了一个新词：cyborg。强调通过技术手段对空间旅行人员的身体性能进行增强。（李建会，苏湛，2005）哈拉维把赛博格定义为："一个控制有机体，一个机器与生物体的杂合体，电子人同时是一个实体与隐喻，一个活物与叙事建构。"（Haraway, 1991:10）

黄鸣奋教授指出:"在实践中,电子人目前有三种形态:一是观念电子人,仅仅存在于人的主观世界,代表了对于改造身体的某种构想;二是功能电子人,以在实践中依恋、依靠、依赖相关的机器(主要是电子设备)为特征,代表了对于增强身体功能的实际努力;三是植入电子人,特点是不仅在观念上认同人机共同体,而且在实践中努力将机器同化入自己的精神世界。"(黄鸣奋,2009b)有学者认为"估计10%的西方人口已经是技术意义上的电子人,包括那些拥有电子起搏器、电子人造器官、药物植入系统、植入角膜透镜与人造皮肤的人。而更高的比率是隐喻意义上的电子人,即那些迷恋于计算机、视频游戏、移动电话和其他将他们连接到交互回路的复杂网络设备的人。"(弗里德里,2006:143-158)与赛博格概念相似的,还有机器人和生化人——机器人是一种类似人的、能够按照指令或事先编好的程序做各种复杂人类工作的机械装置;生化人是人形自动机,它是用生物材料做成的类似人形的机器人。在大众文化中,对这三个概念不做严格区分。(曹荣湘,2004:序3)由此可见,赛博格是强调人与电子设备、机器的合一,或是观念上的身体改造,强调人与机器界限的消失。

二、数字人

麦克卢汉在分析电视媒介时,将媒介对人的作用分为文字人(literate man)与电子人(electronic man)。强调以视觉为基础的种族整合是"文字人"的文化策略的延伸,对"文字人"来说,凡是差异都需要根除,无论性别差异和种族差异、空间差异和时间差异都需要根除。基于广播、电视等电力媒介环境中生存的"电子人",日益深入地卷入人的实际境遇中,所以他不能接受"文字人"的文化策略。(2011:361)显而易见,麦克卢汉所谓的电子人(electronic man)强调电力传播媒介影响下的人,而非哈拉维提出的人机共生的电子人(cyborg)。

"后现代科学的出发点是确认方法论的多元性和解

释、理解方法的差异性、互补性。"（彼得·科斯洛夫斯基，2011:40）为了更好地表述，根据麦克卢汉对文字人、电力人的定义方法，受到洛根对电力媒介与数字互动媒介的区分的启发，本文将受到网络游戏影响的玩家从生理角度定义为数字人（digital man）。这是采用隐喻的方式，英语 metaphor（暗喻）源于希腊语"桥梁"，其意义是连接或承载一个迁移的意义。生理上，血肉之人根据基因遗传由血肉之身构成的，数字人由计算机代码的数字计算而成。它是指代在游戏的世界中，玩家通过鼠标、键盘直接操控游戏中的角色，进行各种复杂动作行为，强调网络游戏对玩家感知模式的影响。玩家以数字人的身份，在赛博空间中生存，如同生物人在现实生活中生存。生物人类依靠眼耳鼻舌身，感知世界的信息；数字人通过玩家的眼、耳的视听接受信息，通过手对鼠标、键盘的使用操控屏幕上的角色。对于数字人而言，网络游戏中世界就是真实的世界，这是数字人生存的前提。澳大利亚学者戴森重视听觉，她认为：就隐喻而言，赛博空间已经充满了声音，虚拟现实已经成了"听觉"媒体。就实际而言，就像虚拟现实的视觉要素一样，虚拟音频技术创造了三维交互性声音空间或"声域"，在其间所听到的声音与在生活环境中听到的无异。不过，这些声音是虚拟的。（Dyson, 1996:73-102）对于数字人而言，这样的虚拟就是真实。数字人与赛博格的最大区别在于，数字人强调玩家通过游戏媒介，进行操控，而不是与电子设备、机器的合一。

莱文森认为"网上交流和口头交流的联系是显而易见的。……在网上进入和变换文本都很容易，几乎瞬间就可以实现传送。这与纸上操作的艰难和缓慢形成鲜明的对比。这些特征合在一起，使网上传播成为像口语的媒介、杂交的媒介。这个媒介起源之后，我们的手指头就在键盘上行使走路和说话的功能了。"（莱文森，2001:44）网络游戏的玩家，通过键盘与鼠标的操控，与游戏中的其他玩家进行着互动，键盘和鼠标，成为数字人的口与四肢，进行着交流。埃里克·古利奇森（Eric Gullichsen）注意到 VR 的发展将超越单纯交互式的传统计算机。"一个赛博空间是一种动态：虚拟世界实时地变化，既自主又流畅地对用户的行动作出反应。行动是出自内心的，而且不需要符号'界面'这种外表，因为这种三维世界中的对象可以被直接操纵。"（德克霍夫，1998:63）麻省理工学院专家默里在展望数码戏剧的前景时所说："由于虚拟世界的表现性与日俱增，我们将慢慢习惯于生活在当下让我们吃惊的幻想环境中。但是，我们将在某一点上发现自己是看穿媒体而非仅仅看媒体。那时，我们将不再只是对与之交互的人物是按脚本演出的演员、是即兴演员抑或是基于计算机的聊天虫感兴趣了，也不再关注我们所处之地是戏剧场景的照片还是计算机生成的图像，是由电波还是电话线传导给我们。在这一点上，当媒体自身变得透明起来时，我们将得鱼忘筌，只是关心故事本身。我们将不注意它何时发生，但是，在这一时刻（即使没有物质基因），我们将感到自己在全息面板中如鱼得水。"（Murray, 1997:271-272）这样的情景，与网络游戏相仿。网络游戏的实时生成，提供给玩家及时的信息反馈，屏幕中的角色化身直接被玩家所操控，带给玩家与虚拟现实相似的体验。界面成为辅助性的部件，更多的精力投入到三维的虚拟世界之中。

第二节
数字视听空间

一、声觉空间与视觉空间

英尼斯对传播媒介进行了分析，并做出了媒介的偏向性——媒介的时间偏向性、空间偏向性的认识。麦克卢汉对媒介的分析基于感官偏向以及产生的环境，并得出了声觉空间与视觉空间的概念。声觉空间（acoustic space）是麦克卢汉的兴趣和立足点之一，他在1954年首次使用此术语。他认为："声觉是人类交流的基础（从发展和历史的观点来看，声觉是原初的、首要的）；文字的线性模式上升，这伤害了至少是连累了声觉（值得研究，肯定有启发性）；电子媒介重新捕捉住了声觉（这时，声觉的形貌有变）。"（莱文森,2001:44-45）

麦克卢汉敏锐地察觉出"声觉空间"和"视觉空间"之间的差异。麦克卢汉认为，按照过去的"声觉"方式，我们对世界的感觉是同时完成的，我们把周围的整个世界作为一个整体，觉得我们自己和世界互相渗透，世界是我们的延伸，我们也是世界的延伸。拼音字母和印刷机这两种媒介鼓励我们把世界看成是一连串分离的源头和碎片,这种抽象的、序列的视野取代了过去的"声觉"方式。(莱文森,2001:45)口语传统和书面传统各有其特征,其传播和感知的特征分别是空间偏向和视觉偏向,两个传统各有其断裂边界。"非洲的乡下人多半生活在声音的世界里,这个世界对他而言承载着直接和亲切的意义。相反,西欧人在很大程度上生活在视觉世界里,总体上说,这个世界对他很冷漠。"(Mcluhan, 1962:28)视觉空间的特征在于强调视觉,即强调像拼音字母或印刷媒介,带给人们线性感知世界的方式。通过眼睛的视觉感官的调用,要求在一个视觉平面上连续观看,当阅读单词时,按照语法和逻辑规则建立在彼此的概念。这些规则是一种线性的思维方式,否则将无法有效的组织信息。将信息通过线性方式组接在一起,部分组成整体,才能完成信息的接受与理解。"视觉空间带有固定的视点,它既精确又受限。以文字描写草地可以拓展空间(即更加广阔的听觉空间),比固定视点的照片包含的空间更加宽广。"(莱文森,2001:59)我们观察世界的视角受到了线性、连接的拼音字母的有色眼镜影响。视觉空间强化了眼见为实的视觉感官与逻辑思维的能力,同时也关闭了其他的感官系统,准确地说,是弱化了其他感官系统,更加依赖于研究的单一感官体验,却对此没有察觉。如同康德认为,我们对世界的感知是我们感知/认知结构(康德所谓"范畴")的产物,就像外部世界的东西一样。他认为,色盲与全色视觉的人看世界的方式迥然不同。(莱文森,2001:64)声觉空间,强调空间性与时间共时性偏向性;视觉空间,具有时间历时偏向性。"视觉空间"强调视觉的优先地位,视野的固定,线性观看的感知方式,是逻辑思维、推理的重要手段,强调信息的秩序与条理、逻辑与思辨。

在麦克卢汉看来,声觉空间走在字母表的前面。(莱文森,2001:65)也就是说,在前文字时代,已经是全感官的时代。声觉空间强调信息的全方位接受方式,而非眼睛对文字的线性阅读。强调人在信息环境中的全身心沉浸状态。在他看来，电视的形态在字母表之后，再次呈现出全身心浸染的感官体验。在声觉（数字）表征和视觉表征这两种形态之中，前者更加有力，涵盖面更加宽广。凭借电子革命，声觉空间正在战胜文字传播和视觉传播。（莱文森，2001:60）从印刷环境到电子环境，"我们走出一个非常倚重视觉的时代，突然遭遇到瞬即同步的世界，没有我们熟悉的边界的世界；在原来那个视觉世界里，我们熟悉的是有组织的观点、立场、专门分割的工作和态度。……我们从那个旧世界走出来，进入一个瞬即信息、设计和模式的世界。……对这个同步和瞬即的时代而言，序列是不存在的，逻辑是没有的。"（麦克卢汉，2006:191）

麦克卢汉断言，电视正在再现"声觉"的感知方式。（莱文森，2001:45）电视放大的是视觉，但是这种放大是"听觉上"的同步放大，而不是读报意义上的放大，读报的模式是一个人对一张报纸。……它再现了视觉——如今这一点似乎也是显而易见的。但是，它再现的视觉，并不是广播使之过时的印刷媒介的视觉，而是新型的视觉，是过去的视觉与当代电子特征杂交的视觉，是迥然不同的视觉。（莱文森，2007:179）莱文森认为：电脑屏幕邀请我们参加的赛博空间，从潜在的可能性方面，是用户自己创造的。通过方式，完成对世界的感觉。麦克卢汉将电视空间作为"声觉空间"，尚不准确，仅仅在观众看电视跳台时，才会有"声觉空间"的体验。（莱文森，2001:7-8）电子文化抛弃了文字或印刷文化所具有的那种不受他人影响的、线性的、个人主义的心理状态。当一种技术触到了我们的语言，它便触到我们所赖以生活的处所。（迈克尔·海姆，1997:68）电视需要同时调动视觉、听觉等多种感官。由于多种感官相互影响，或者某个感官进行了延伸，改变了感官比率。这并不是说声觉空间只能通过听、说完成，视觉空间只能调用视觉感官。虽然印刷通常与线性度和视觉空间相关联，麦克卢汉认为，"立体派不表现画布上的第三维这一专门的幻象，而是表现各种平面的相互作用，表现各种模式、光线、质感的矛盾或剧烈冲突。

它使观画者身临其境,从而充分把握作品传达的讯息。换言之,立体派在两维平面上画出客体的里、外、上、下、前、后等各个侧面。它放弃了透视的幻觉,偏好对整体的迅疾的感性知觉。它抓住迅疾的整体知觉,猛然宣告:媒介即是讯息。一旦序列让位于同步(sequence yields to the simultaneous),人就进入了外形和结构的世界。"有些文献是触觉,像艾略特的诗歌。艺术依赖于视角与视觉空间的关联,但立体派和印象派像塞尚艺术家的作品被认为是声觉的,因为它在外形和结构两个方面可以欣赏。

二、数字视听空间

传统游戏存在于真实的物质世界,是体感体验,是声觉空间的沉浸式体验。玩家与玩家之间,通过化身"面对面"地互动,在数字视听空间感知游戏世界。数字视听空间的概念,来源于麦克卢汉的"声觉"空间与"视觉"空间的结合。声觉空间强调同时调用多种感官,对周围360度的信息进行同步接受,即处处是中心,无处是边缘。它不要求对内容的深度理解与分析,而是要求对整体信息进行把握,而非局部信息。声觉空间带有含蓄隐蔽的可能性,信息源散落在立体的空间任意位置,受众对信息呈现出共时性的接收方式,更加倾向于前文字时代的人类感知模式,是一种当下实时反应的信息传播模式(表4-1)。

书面文化里兴起的视觉世界是抽象和演绎逻辑的世界。几何与科学是视觉世界的特征,艺术与音乐是比较典型的声觉空间的特征。视觉空间的感知偏向是线性的、序列的、理性的、割裂的、因果关系的、抽象的和专门化的。相反,声觉空间的感知偏向是同步、具体的、直觉的、拥抱一切的、神秘的、归纳逻辑的和经验性的。视觉空间的特征是,其模式与左脑的专门化相联系;声觉空间的模式与右脑相联系。(罗伯特·洛根,2012:320)

尼斯特洛姆在《符号、思想和现实:沃尔夫与朗格对媒介环境学的贡献》一文中,对朗格的《情感与形式》给予了高度评价:"实际上,《情感与形式》研究的几乎就

表4-1 声觉空间与视觉空间的对比

声(听)觉空间	视觉空间
右脑	左脑
螺旋	线性
同时	序列
三维	二维
空间	平面
感官平衡	视觉
感性	逻辑
共时	历时
当下反应	思考推理

是虚拟空间、时间和现实,以及如何用不同的符号形式对它们进行构建和操作的问题。她的分析对我们理解比较传统的表征形式及其独特功能是至关重要的,对理解电脑中介形式在构建现实和回应里的作用,也具有至关重要的意义。"(林文刚,2007:233)朗格提出了人类表征性符号范畴的理论,即推理性符号形式(语言)和表征性符号形式(包括其余表现形式)。朗格认为:"推理性符号模式(discursive symbolism)多半是真实性的或命题式的语言和数学。这一类编码系统和表征性符号模式(presentational symbolism)不一样,在形式和逻辑上都不一样;表征性符号系统包括一般所谓的艺术:绘画、摄影、音乐、舞蹈、雕塑、建筑、文学戏剧和电影。"(林文刚,2007:226)作为第九艺术的网络游戏,通过表征性的符号,传递着情感。"符号再现的表征性形式表明的是情感生活。这种通过结构提供的是符号式模拟(symbolic analogue),模拟的对象是我们能够用眼睛看到、用身体体会到、用耳朵听到的东西,是一切情感,包括感知和情绪,也就是我们这种最复杂的生物在接触世界时产生的情感。我们需要这样的表情和交流,这是因为,语言切分和重组世界的方式,和我们用感官体认世界的方式,是不一样的。我们最深层的情感混合、连接、振荡并且跨越语义学(和神经学)的边界,其方式不同于语词的数码符号系统和数学的数码符号系统,这两种数码符号系统绝不可能充分再现深层的情感。"(林文刚,2007:230)

计算机进行虚拟世界模拟的历史与计算的历史,相伴随经历了从字符文本交流到复杂的图形和程序模拟。计算机服务器为用户提供了多人同时访问相同的信息,为玩家提供了一个共同的虚拟世界。在游戏中,玩家不断将想法、动作、愿望映射到化身之中。打开一扇门或摧毁一座桥梁等人机互动,这意味着玩家可以同步对话并获得直接的反馈,带给玩家实时反馈的存在感。通过计算机代码在屏幕上持续呈现的信息,可以提示玩家的方位和正在发生的事情。基于文本的世界可视化,发生在一个必须阅读其他玩家和上下文描述的场景，在图形世界里计算机通过图像显示出每个人的状态。当某个玩家添加了新的装备或道具，其他的玩家同时也可以看到同样的信息。

"任何游戏，正像任何信息媒介一样，是个人或群体的延伸。它对群体或个人的影响，是使群体或个人尚未如此延伸的部分实现重构。一件艺术品除开它对观赏者产生的影响之外，别无什么存在或功能。与游戏或大众艺术、传播媒介一样，艺术能使人的社群形成新的关系和姿态，它有力量借此将自己的假设强加于人。"（麦克卢汉，2000:300）数字媒介，将印刷时代的文字隐藏于幕后，让直观的图像走上屏幕呈现在眼前，真切的声音回荡在耳中与用户对话、交流。莱文森认为："数码储存和传输的非连续性及其开始和结尾的方式，也就是储存/传输语言（一切语言均用二元代码）的输入/输出（读、看、听）的普遍性和特殊性。其差别是这样的：储存/传输过程和二元代码，对我们的感官和认知来说，并不是可以直接理解的。这个过程作为传播渠道运行得很好，正是因为它和传播的东西没有直接的相似性。……香农和韦弗（1949）把这个过程叫作"编码"和"解码"。所谓编码，就是把人能够感知的能量转换成一种不能感知的形式，目的是储存和传输。在这个方面，数字技术的进步，是让一切媒介的编码完全一样。"（莱文森，2001:235）传统游戏基于物理现实的身体互动，按照游戏规则进行活动，基于体力、脑力与想象力，其结果通过比分、胜负或语言等视觉进行反馈。数字视听空间，带给玩家听、视、读、识、感的信息沉浸，直观性的操控，不需要文字线性识别与逻辑分析，不需要写诗歌那样，用生动的辞藻进行心境描述，而是当下更直接的反应与行为。

第三节
触觉性视觉

法国语言学家约瑟夫·房德里耶斯（J. Vendryes）在其《语言的起源》中，对感官和感觉词汇的互通作出了论述："任何感觉器官都可以用来创造一种语言，有嗅觉语言和触觉语言，视觉语言和听觉语言等。只要两个人同意把一定意义赋予某种行为，并作出这种行为来互相交际，就会有一种语言。"（1992）国内一些学者对通感这个复杂的人类文化现象，通过生理、心理、社会、哲学等学科进行探讨，如刘蕴漩认为："人类五官对外界的刺激与反应不是各自为政的，各种信息和刺激作用于相应的感官，大脑会将这些器官的兴奋和冲动传递给其他器官，引起其他器官的相应活动，各种器官的活动往往会形成交叉沟通或融合的生理现象，人类所进行的各种活动都是在五官感觉的协同工作下才得以完成。通感修辞的生理机制就是建立在五官协同工作的大脑功能上。"（1994）宋书文等认为："联觉现象的生理机制是两种或多种分析器中枢部分形成的感觉相互作用的结果，由于分析器在生活经验过程中，相互之间建立起这种特殊联系,使联觉现象得以产生。"(1984:246)麦克卢汉认为:"作为视觉功能的强化和延伸,拼音字母在任何有文字的社会中,都要削弱其他官能(声觉、触觉和味觉)的作用。这一情况没有发生在诸如中国这样的文化中,因为它们使用的是非拼音文字,这一事实使它们在经验深度上保留着丰富的、包容宽泛的知觉。这种包容一切的知觉,在拼音文字的发达文化中要受到侵蚀。会意文字是一种内涵丰富的完形,它不像拼音文字那样使感觉和功能分离。"(2000:121)杨波、张辉讨论跨感官联合和通感的关系通感,认为:"人类的心智具备对各种通感的接受能力。"(2007)高明忠接受美学的角度探讨了通感的接受价值,认为通感为接受者提供了五官互通的奇妙境界,能有效唤起接受者的立体审美联想,激发起创造性的想象,从而能提高接受者的审美力,丰富接受者的美感体验,具有较好的审美教育作用。(1986)

  麦克卢汉对电力时代的分析:"在机械时代,我们完成了身体的空间延伸。今天,经过一个世纪的电力技术(electrictechnology)发展以后,我们的中枢神经系统又得到了延伸,以至于能拥抱全球。就我们这颗行星而言,时间差异和空间差异已不复存在。我们正在迅速逼近人类延伸的最后一个阶段——从技术上模拟意识的阶段。在这个阶段,创造性的认识过程将会在群体中和总体上得到延伸,并进入人类社会的一切领域,正像我们的感觉器官和神经系统凭借各种媒介而得以延伸一样。刊登广告推销产品的客户长期以来所谋求的,正是人的意识的延伸。"(2000:20)然而,麦克卢汉在数字时代到来的前夜离世,并没有看到数字技术强大的交互魅力,没有看到更加接近于意识延伸的数字媒介。虚拟认识技术专家拜尔卡(Biocca F.)认为:"媒体的发展研究表明,技术的最终目的从不缺少人类感知、认知、知识的运用。尽管计算机和旧媒体的发展也有相似的目的,但没有一种媒体的发展曾有意识地设计成人类感官的延伸。"(张怡等,2003:42)芒斯特《将新媒体物质化:信息美学中的化身》中强调"信息美学",即通过新媒体、物质性、感知与艺术实践的互动建立的。提醒读者：新媒体已经在全球信息文化中改变了我们与他人的躯体。在这样的背景下，信息美学应当关注感觉所涉及的新模式，关注分布式空间与时间性变化在审美体验中所起的关键作用；应当将技术理解为不断对身体重新配置并建构的过程，而不是对人类身体的超越。（Munster, 2006:5-6）"一旦序列让位于同步，人就进入了外形和结构的世界。"（麦克卢汉, 2000:39）

麦克卢汉认为：一种理想的文化应该是一切人造物促进感知比率平衡的文化，这里的人造物包括语言、音乐、造型艺术、教育等。然而制造工具的人总是不断创造技术，借以延伸天赋的一种感知或功能，从而打破感知系统的平衡。然而，人体（麦克卢汉的所指隐含着脑子）谋求随时保持平衡或稳定。感官系统的不平衡是可以缓解的（当然下文即将肯定这是有代价的），减轻的办法是他所谓的"关闭"机制。（Mcluhan, 1962:45）

麦克卢汉认为，电能问世带来的最大的逆转是"电能打破了事物的序列，它使事物倏忽而来，转瞬即去。由于瞬息万变的速度，事物的原因又开始进入人们的知觉，正如过去它们在序列和连续之中出现时不曾被人觉察一样。"（2000:38）普林斯顿大学汉森（Mark B.N.Hansen）认为："数码图像的理解应当包括信息被加工成可知觉的整体过程，就此而言，人在数码时代是不可或缺的。认为我们过滤所接收的信息以创造图像，而非简单地将图像当成某种存在物接受，数码化图像不是现实的固定呈现。并非只是新媒体的交互性将观众转向用户，图像自身已经变成了躯体知觉它的过程。"（2004:v）

网络时代，新的同步时代的到来。之所以新，因为不仅是直接感官所获的同步，而且加入了互动，形成了新的媒介内容与媒介环境。随着自动化、仿真和传播媒介的发展与革新，出现的不仅是新技术，同时也是对玩家习惯改变的新层面。换句话说，我们的沟通方式影响我们的空间、地点和时间观念。

科学中，将五感区别对待，强调各个感官的独立功能，如眼睛感受色彩，鼻子嗅觉气味，耳朵聆听声音，舌头品尝百味。胡塞尔认为："身体始终作为感知器官在共同发挥着作用，并且它自身又是由各个相互协调的感知器官所组成的一个完整的系统。身体自身的特征在于它是感知的身体。我们把它纯粹看作是一个运动的、并且是在感知行为中主观运动着的身体。"（2005:57-58）这意味着，一种感官接受的感知会对其他感官产生影响。麦克卢汉在《古登堡星系》中，对传播媒介中的通感（synesthesia）进行了分析，认为"通感的机制就是感官之间自由互动，大脑把一种感知转换成另一种感知的正常机制。"（林文刚，2007:133）麦克卢汉认为，人类存在着第六感官的感官系统（sensorium），即"偏重触觉"的感觉（"haptic"sense）它是由五种感官输入集合而成。（Mcluhan, 1962:107）"一方面，他把这种感觉和触觉等同起来；另一方面，他又认为这种感觉超越了单纯的触觉，认为它促进了各种感官之间的'互动'：在有意识的心理活动中，感官的相互作用是构成触觉的原因。"（Mcluhan, 1962:108）

麦克卢汉认为，18世纪以来，科学的学科化带来了感官的割裂，电力的出现再一次带给人们感知统一的联觉。"联觉，即统一的感知和想象丰富的生活，对西方的诗人、画家和一般的艺术家而言，似乎是长期以来无法企及的梦想。他们以伤感和沮丧的心情，看待18世纪及后来的西方文人那种割裂解构和想象贫瘠的生活。他们没有准备靠广播和电视的审美功能在日常生活中去实现自己的梦想。但是，我们的中枢神经系统的大规模延伸，使西方人每日包裹在通感联觉之中。自感官严格分离和专门化发展以来的若干世纪中所形成的西方生活方式，由于它把视觉放在感官等级系统的顶端，所以它无法抵挡广播电视的冲击波，这种冲击波不断冲刷着抽象思维的个体本位者庞大的视觉结构。"（2011:360）

印刷物要求感官的分类，而不是统一的整个感官系统。（麦克卢汉, 2000: 380）电视图像每时每刻都要求我们用拼命的感知介入，去"关闭"电视马赛克网络中的空间，这样的参与是深刻的动觉参与和触觉参与，因为触觉是各种感官的相互作用，而不是孤立的皮肤和物体的接触。（麦克卢汉，2000:387）麦克卢汉通过闭路电视进行医疗手术教学的案例，强调电视形象的触觉性质，学生感觉自己不是在看手术，而是在主刀做手术。（麦克卢汉，2000:405）尽管麦克卢汉未曾体验过数字技术的交互性，但他艺术家般的敏感使他论断计算机化将引起触摸：我们的词语"领会"或"理解"指的是，通过另一件事情弄懂一件事情的过程，是每次用不止一种感官来触摸和感受许多层面的过程。开始明朗的是，"触觉"不是皮肤而是数种感官的相互作用，"保持接触"或"进行接触"是各种感官卓有成效的会合，是视觉转换为听觉、听觉再转换为动作、味觉和嗅觉的问题。"判断力"在许多个世纪里都被认为是人类把某一感官的一种体验转换为所有感官的体验，而且把结果作为一种统一图像连续地呈现给心智的一种特有能力。事实上，这种在感官间统一比率的图像，长期以来被认为是我们的理性的象征，而且在计算机时代可能会很容易地再度如此，因为现在有可能对处理意识状态的各种感官进行比例设计。"（德克霍夫，1998:58）网络游戏带给玩家的触觉，并不是虚拟现实中，用户穿上带有传感器的手套而引起的，而是来源于通过鼠标、键盘等输入工具，对游戏角色化身的操控而引发的。"触觉延伸的作用在这里是极其重要的，因为它是基本的。触觉涉入了思维领域——不管是我们头脑中的还是机器中的，它成为思维过程中的一个参与者。模拟的触觉是首要的心理技术，其力量足以把我们从有读写能力的理论的直截了当的精神状态中拉出来。"（德克霍夫，1998:60）他认为："人们认为三维图像是视觉的，但三维图像的主导感官则是触觉。"

CHAPTER 05

Chapter 05
第五章　幻想媒介中的化身

第一节
网络游戏中的化身

一、无形无象之人

"打电话的时候，在广播电视上说话的时候，说话人为他使用的那种媒介创造了内容，同时他本人也以空壳化的形式成为这个媒介的内容——打电话时只有声音，没有面孔或躯体；在电视上虽有面孔和躯壳，但没有血肉之躯。"（莱文森，2001:54）麦克卢汉敏锐地洞察到，将其称为"无形无象之人"（discarnate man），莱文森将其称为"无形无象之魔鬼"。卡彭特认为："电力使我们大家成为天使。……脱离肉体的精神，是可以刹那之间输送到任何地方的精神。"（莱文森，2001:82）

有形有象之人依靠基因、生物基因的物质载体进行传递，继承着血统与家族相似性。无形无象之人依靠着数字技术的比特进行着信息的复制与传播，制造出拟像与仿真。莱文森在分析电话、电报、书信等媒介时，发现其本质是"柏拉图式的爱：爱上的仅仅是文字（或未谋面的口语），我们的脑子补充缺失的东西，使之完美，使之像柏拉图笔下理想的公民。防止失望的唯一办法,是抗拒信息丰富的谋面,避免柏拉图式的理想和真实肉体的矛盾。"这种人机错觉同样存在于网络媒介中。人的魔法、幻想、超能力,通过网络游戏,将其梦想实现,过程展现,角色表现,再现,情境重现。网络游戏中的角色,是玩家自己心目中更加理想的形象,进行个性化选择后,成为理想的化身。玩家对周围世界的感知方式发生了变化,摆脱了物理的时空局限,在精神的时空隧道中穿梭。

二、化身之人

电影《阿凡达》(2009)的导演詹姆斯·卡梅隆,令"化身"的概念家喻户晓。化身(avatar),源于印度佛教术语,意为降临,通常是指出于特定目的经过深思熟虑而来到世间。化身观念由印度传到西方。(黄鸣奋,2006)科尔曼借用印度佛教术语中的化身概念,隐喻网络游戏玩家如同上天的化身,投射到数字世界中的表现。(Coleman, 2011:xii)本论文所言的"化身",不是宗教的化身,而是指由人通过计算机控制电脑生成的角色。通常是一个人与电脑中代表人的实时图形进行交互。运用已经虚拟化的身体观念所开发出来的物质性承担者(实体化),即硬件机器人或软件机器人。它们不具备与人的肉体在生理上类似的组织或器官(一般是硅基而非碳基),但却能够按人的指令行动。凭借这些化身,人们可以在自己受身体限制而无法亲临的物理世界或虚拟空间进进出出。(黄鸣奋,2012)科幻作家斯蒂芬森在《大雪崩》(1993)中,描绘了"化身"在虚拟空间中的活动。所谓"化身",是用户根据光纤上传至计算机的数据画出的活动图形。人物是由一种称作"化身"的软件来支持的,他们是人们在元空间里用来互相交流的声像合一体。(尼尔·斯蒂芬森,2001:162)科尔曼将化身的定义扩大,包括更广泛的媒体形式和平台,如语音互联网协议电话(VoIP)、即时消息(IM)、短信(SMS)媒介平台。他认为广义的化身,可以更好地了解我们目前的网络媒体。(Coleman, 2011:12)。

美国乔治亚技术学院布罗利奥与乔治亚洲大学传播系吉纳的《作为多媒体表现的化身》中认为：化身，即用户在三维聊天环境中的呈现，为用户充当视觉标识符，通过姿势和服饰作为用户的表现手段而行动。化身也充当用户接受信息与操纵环境的节点。若用编程术语表述，化身不仅是赋予姿势表现的人形呈现，而且是数据交换的四维点（三维+时间）。德克霍夫按照生物技术这种模式，杜撰的"心理技术"（Psychotechnology）这个术语，来界定那些模拟、延伸或放大我们心智的技术。强调电话、收音机、电视、计算机及其他媒介结合所创造出能建立信息处理的中间领域的环境。电视就成为伸出我们身体之外的集体想象力，并组合于一种同感的、电子化的远程民主之中，形成了比尔·莫尔斯所谓的"公共心智"。认为由于有电视会议和可视电话的即时可视通话技术，不仅延伸了意识的可接收性和可发送性，而且它们还渗入并修改其用户的意识。虚拟现实更接近于上述情形。它给视觉和听觉又增加了触觉，颇有点类似于那些往人类神经系统中"注入兴奋剂"的技术。有了虚拟现实和远程存在（Teleprsence）的机器人，我们简直可以把我们的意识投射于身体之外并且"客观地"看上一番。这是人类有史以来第一次能做到这一点。（德克霍夫,1998:7-8）罗泽认为："在虚拟现实的时代里人们越来越容易感受到的愿望就是，能够在任意地点和任意时间在多样的世界里进进出出，能够溜进任意一个物体（Koerper），它使物体和个人的认同性之间坚固的束缚被打破了，人们至少能够暂时离开身体（Koerper）这个监狱。"（弗罗里安·罗泽,1995:125）莫尔斯认为：在虚拟现实中，"肉"体不是被"停放"而是被映射于一个或更多（或甚至共享的）虚拟身体上；同时，有机的身体通过脱离框架而被净化，从虚拟旅行者的视野中隐藏起来，为的是参加卡通般的图像世界的活动。（Morse,1998:141）如果你想更多地浸淫在"第二人生"的星空里，你可以用瞬间移动的方式访问"第二人生"的凡·高博物馆，在其露台上漫步，仰望凡·高《星空》画作里那清冽的夜空。如果你不仅想看凡·高，而且想看歌手唐·麦克林（Don McLean）演唱的《星空》，你就可以看罗比·丁戈（Roobie Dingo）的"离世"网页，看那段"第二人生麦克林"视频。（莱文森，2011:150）玩家脱离躯体，摆脱肉身的束缚，屏幕之上的身体，是电子人的拟像，以化身的形象出现在屏幕之中，跨越现实与虚拟，连接玩家与角色，通向一个无限可能的既虚拟又真实的境界。

网络游戏媒介，成为自由翱翔精神的传播载体，人和物的化身瞬即传播，所以逼真的形象出现在屏幕中。屏幕上的形象，不是玩家真实的血肉之身，网络游戏把玩家身体切分出新的维度，延伸玩家的意识。西游记的孙悟空十万八千里的筋斗，哈利·波特的魔法，在网络游戏的世界中，成为了现实。赛博空间的公民是虚拟的公民，进行交互的不是血肉之躯，带给玩家虚拟的人际错觉。无论是英雄、美女的积极形象，还是邪恶、暴力的消极角色，都可以成为玩家内心的角色进行扮演与尝试，与其他玩家的交流，正是基于此身份。玩家可以完全忽略肉身的性别、体貌、能力、性格等特征，参与网络游戏。网络游戏，声音、形象的模拟性与玩家的参与性，超越了身体的局限。

通过电脑、网络就可以连通世界其他的游戏玩家，与他人对话，协同游戏。网络游戏并非没有缺点，沉浸于网络游戏的游戏玩家，常常不适应现实社会的人际交往，而将网络游戏作为逃避现实的途径。正如麦克卢汉所言，正是由于无形无象，因此处处皆中心。玩家不断升级着装备，完成各种级别的任务，刷新出新的记录。他们成为分散的中心，向他人展示着自己游戏中的收获与成绩。他们不仅是对信息阅读、收听、收看的中心，更是生产、制造信息的中心。玩家化身的超强控制能力不断提升与扩大，更加增强了虚拟的胜利喜悦。

"思维显然是无形无象的、非物质的。幻想的速度是已知的唯一速度快于光的"力量"。我们可以在刹那之间从这里到半人马座的 α 星跑一个来回。与此相对，以光速运行的来回旅程却需要 8 年。幻想之所以能够达到这个主观的速度，完全是因为它不需要在物质宇宙中运行。不过，幻想还是需要物质世界中一块重要的东西——大脑——才能够产生。因此，我把一切思想叫作"转物质"（transmaterial），意思是说，思想需要它赖以存在的物质底层——首先是大脑，然后是空气（言语发声震动需要空气）、报纸（文字的需要）、电脑等。不过，思想在旅程中有规律地、自然地超越这些物质底层（到半人马座或任何其他地方都是这样——幻想中的时间旅游也是可能的）。只要这个旅程是幻想的，思想就可以超越物质底层。所以，幻想很像是赛博空间里无形无象的生活和性事：只有避开肉体的东西，这里的生活和性事才肯定是令人满意的。"（莱文森，2001:89）化身之人依靠数字网络媒介，更加有利于传递直觉、当下的反应。因为它具有交互性、具有光的速度，还原传播现场的双向交流性。同时，能够更好地将转瞬即逝的言语、行为等进行数字化的记录，避免了口语的不可保留性。

网络游戏，将幻想可视化，在规则的运作下，进行操控、交互，并将其进程、结果进行保存，实时分享给其他玩家。避开了肉体交流的此时此地性，同时也进行实时的操控。网络游戏将玩家实时地卷入其中，需要"大脑通过说和写来繁殖基因"。大脑当下的直觉反应及时的通过操控，将指令传输到屏幕。

玩家通过化身，在游戏世界中进行着各种角色的扮演，网络提供给玩家更多的自由度，扮演其理想化的角色。玩家通过网络隔离、隐匿部分或全部真实身份，重新塑造着新的自我，带来新的身份认同与自我认知。这些自我，与现实世界或多或少地存在着联系。同时，在网络游戏中，使玩家超越了世界、跨越了空间、突破了生理限制，投入与其他玩家化身共同建立的神秘世界的游戏探索中，在屏幕之上，幻想的交互感应之下，产生了强烈的感官变化。化身成为网络游戏的主体，进行着内容的建构。

| 第五章　幻想媒介中的化身

第二节
实现玩家幻想的媒介

　　化身之人，是"身体的缺场"，玩家摆脱现实世界"在场"的种种束缚，玩家幻想的原型在游戏世界中实现。慕尼黑艺术家罗泽《虚拟世界：迷恋与反动》（1995）指出："能够在任何时候去任何地方，能够做任何我们想象所及的事情，即使它仅仅是虚拟的（而非"真实"），正是这种幻想从太古时代以来推动着技术的发展。……在现实与表现的时代，人们试图到达这种符号领域、幻觉领域，是为了摆脱现实的体验。"（Rotzer, 1995:119-132）弗洛伊德通过梦境开创了精神分析研究领域，认为游戏是人借助想象来满足自身愿望的虚拟活动。梦与幻想是典型的精神游戏。（马立新，2007）人类通过网络游戏，参与到社会生活的幻想中。游戏为玩家创建了一个安全、可控的环境，幻想为心理压抑的玩家提供释放的空间。在虚构世界中，人物踏上冒险的旅程，通过体验角色，人们可以暂时中止在现实生活中的压力，逃出现实的自我和潜在的危险，沉迷于幻想的世界。

许多学者将视频游戏作为传统叙事或者戏剧的新形式或者延伸。两者确实在很多方面有些共同特征重叠之处：如人物角色、情节设置等因素。在游戏叙事的建构过程中需要依靠玩家的经验，网络游戏需要玩家参与到游戏叙事的建构中，进行团队合作，共同创造结构。在传统的游戏、小说或者电影中，作者通过单向式讲故事，听众被动地观看，立刻进行情感的表达。在角色扮演的游戏中，尽管作者可以创建一个动作发生的原始世界，但是故事主要情节的发展是通过玩家不断地交互、参与而形成的，因此玩家深入体验游戏的同时，也在不断地进行游戏的叙述。

在虚拟世界中玩家通过角色扮演建立真实世界的映像，完成游戏中的任务，体验角色的情感与经历，在游戏过程中可以感受到真实与虚拟的双重体验。文艺作品的众多类型中，如剧本、诗歌、小说等众多依赖叙事性的作品也会有相同的体验。我们通过作者事先写好的故事体验到人类丰富的情感世界，给我们带来各种积极或消极的影响。

"在真实的世界变成纯粹影像之时，纯粹影像就变成真实的存在——为催眠行为提供直接动机的动态虚构的事物。为了向我们展示人不再能直接把握这一世界，景观的工作就是利用各种各样专门化的媒介，因此，看的视觉（sense of sight）就自然被提高到以前曾是触觉享有的特别卓越的地位；最抽象、最易于骗人的视觉，也最毫不费力地适应于今天社会的普遍抽象。但是景观不仅仅是一个影像的问题，甚至也不仅仅是影像加声音的问题。景观是对人类活动的逃避，是对人类实践的重新考虑和修正的躲避。景观是对话的反面。哪里有独立的表象，景观就会在哪里重建自己的法则。"（居伊·德波，2007:6）麦克卢汉认为："游戏是我们心灵生活的戏剧模式，给各种具体的紧张情绪提供发泄的机会。它们是集体的通俗艺术形式，具有严格的程式。"（2000:293）摩尔认为游戏是亲密而安全的，我们在其中"分享着自己最深层的幻想，但却没有人知道我们究竟是谁。总之，这种使人产生幻想的驱动力是一种非常人性化的驱动力。互动游戏允许我们做的就是分享我们自己的幻想（匿名而且安全），在它们上面构造并且实施它们。"（1998:72）网络游戏中实现玩家的幻景，这些幻景通过可视化的屏幕作为表演的舞台，展现给其他玩家，更好地营造真实的情境。

虽然大多数的这些艺术作品表现形式，由艺术家呈现给被动的观众，确实存在一些互动的方式。而网络游戏为玩家提供了积极参与、探索曾经被作者设定好的、如今由玩家生成的开放世界。游戏提供给玩家一个逃离现实的虚拟家园，玩家通过角色扮演，感受独特的体验。与被动地看电影与读书不同，这些游戏鼓励玩家积极参与冒险，有的需要在游戏中发展自己的故事和角色。游戏的结局相对自由、开放，玩家通过任务、与他人协作、完成任务。在这个过程中，玩家之间建立更多的交流，进行社区建立，团队协作、玩家能更深入地了解自己和彼此的冒险游戏之旅。同时，网络游戏为玩家提供了个人、人际、认知，甚至是职业技能的发展空间的能力。

"有文字的人或社会都培养出了一种能力，就是做任何事情都抱着相当疏离超脱的态度。不识字的人或社会却事事经历感情上或情绪上的卷入。"（McLuhan, 1964:79）游戏情节的展开，依靠时间的线性以及玩家交互探索的结果，在一定程度上延续了影像叙事的传统。影像按照时间线的顺序发展，而网络游戏的情节以空间分布代替了时间排序，传统叙事中的时空观得以改写。网络游戏的结局由设计师与玩家共同合作，传统叙事中的内容与形式转变为实时书写的呈现方式，玩家成为叙事的主要参与者，叙事的结果取决于玩家的抉择。开放的交互方式提供给玩家角色扮演的机会、情节探索与主动参与的体验以及玩家对内容的创造与生成。如在游戏《文明》中，玩家可以建立自己的国家与城市，其决定将对游戏的结局产生最终的影响。

游戏的媒介幻想体验，可以从虚拟戏剧中得到隐喻。虚拟戏剧原先是指一种计算机游戏引擎，由名为"革命软件"的公司开发（1989），它允许其团队为事件写脚本，通过界面点击让动画精灵在绘出的背景上移动。后来，虚拟戏剧会社给它下了这样的定义："虚拟戏剧是一种叙事形式，在其中受众成员（或'旅行者'）被沉浸于三维的、感觉上似是而非的、计算机生成（或中介）的世界，他们可在那与人物及其他旅行者交流、改变事件，与位置、空间及对象互动，在虚拟戏剧的高级形式中，旅行者必须也能创造自己的世界与人物，考察人物的心灵与个人历史（心灵冲浪/搭乘/潜泳），超越时空（时间潜泳与空间潜泳）并体验位置、空间与对象的历史（对象/空间潜泳）。"（黄鸣奋，2011）游戏设计师通过游戏情节与场景的设定，通过游戏系统的引导，玩家在特别的情境中游戏。在安全的游戏框架中，玩家有机会执行某些任务和学习的关键技能，实际上可以转化为"现实世界"的日常生活中。例如，玩家认为自己在现实生活中会害羞或尴尬，通过网络游戏，玩家可以进行相关社交活动的角色扮演。游戏可能会迫使玩家必须学会相应的这些特性。玩家通过游戏的幻想性，作为自我表达的一种手段，逃离世俗的世界。

与单人游戏相反，多人在线游戏还提供了一个机会，用于逃避现实世界的社会约束，摆脱个人已经建立的现实角色及需满足的人们期待和可接受的社会行为。在这里，诚实、正直和负责任的银行家可以装扮成一个奸诈、狡猾的贼，而僵化、勤勉的学生能够扮演冷酷的杀手，而不用担心社会的反响。例如，谋杀也可能出现在单人游戏中，而不会对现实的社会形势带来任何后果，变性在多人在线环境中也成为了一个共同的实践；这些游戏还提供了机会来假定一个人在现实的世界中不太可能扮演的角色。逃避这些社会约束成了重要得多的、相关的选择和体验，同时可以立即感觉到某些计算机驱动的非玩家特征（NPC）及玩家的游戏伙伴的接受或拒绝行为。（弗里德里，2006:21）

Chapter 06
第六章　网络游戏中的虚拟自我

第一节
玩家的角色扮演

　　小孩子经常说出自己的梦想，希望长大后成为一个著名歌唱家等。如果够幸运的，成年时可以实现自己的梦想。然而，更多的人长大后，由于各种因素，不断地适应环境，远离童年梦想的梦幻境界。在日常生活中，为了完全地融入社会，我们扮演着各种角色，如配偶、工人、孩子、父母、朋友等。在承担这些角色的同时，我们需要不断地适应外部社会的需求，心理上的许多方面会产生压抑。由于受到时间、空间、文化背景、种族等限制，每个人在日常生活中受到所扮演的角色的约束，履行着相应的职责。

　　不同艺术形式的艺术家和表演者，特别是从事文学创作和舞台戏剧的，往往通过作品可以引发读者或观众的身份改变。作为实现幻想的媒介，玩家在网络游戏中，扮演着理想的角色。网络游戏中的角色身份，在日常生活中并未受到玩家特别关注，但在文化表征层面上反映出虚拟自我的塑造。角色扮演代表在众多的艺术形式中存在，在网络游戏中通过互动的形式带给玩家更加深刻的体验。当玩家的手指在键盘上飞快地敲击时，屏幕上的玩家角色根据玩家的指令在实时互动。玩家深知游戏中的其他角色，也是被其他的线上玩家所操控的虚拟化身。玩家曾经渴望成为童话故事里的英雄与美女那样的角色，如今在游戏中通过键盘与鼠标的操控进行角色扮演得以实现。麦克卢汉指出，"游戏是像迪士尼乐园中营造的一种人为的天堂，或者是一种乌托邦似的幻景，我们借助这种幻景去阐释和补足日常生活的意义。"（2000:295）网络游戏玩家，可以在游戏规则的指导下，自由地操控游戏角色，希望自己能够成为屏幕上的角色，建构属于自我的新世界。

在现实社会中，玩家自我身份相对稳定，而在游戏世界中，玩家通过化身进行角色的扮演，首先对角色的外观进行塑造。角色的外观可以用来反映玩家的风格和态度，通过角色的外观及其属性的设计，玩家可以以最想尝试的形象出现在其他玩家面前，充实了角色扮演的可视性与体验性，如在《第二人生》游戏中玩家可以对所扮演的角色化身形象进行重新的设计。一些玩家考虑将化身设计为心目中的完美形象，展现在其他玩家的屏幕之上；也有些玩家如斯特拉·科斯提勒感觉键盘控制的化身是——苗条的身材、如雪的披肩长发、与自己并无关联而有意识到必须改变其化身的尺寸，她的做法是调整系统内部的外观设置来调整其化身的腰身和体重。"这是一次逐渐的转变"斯特拉回忆道："我看着她，感觉到我们俩人之间的距离。于是我把控制体型的滚动条调高了，这样使得她更像我，并且更具亲近感。"斯特拉逐渐变得丰满——这使得她并不像《第二人生》中其他的女性化身一样，那些女性化身几乎毫无例外地都是楚腰纤细的样子。（瓦格纳·詹姆斯·奥，2009:47）通过角色扮演，对于玩家而言，不仅是对游戏结果的关注，更是对身体与心灵进行真实的体验。屏幕成为玩家的角色扮演的舞台，操控着角色，根据游戏规则，进行虚拟空间的探索，通过预设的虚拟环境与人机交互交接的引导，玩家控制着键盘、鼠标等操控器，化身完成游戏要求的一系列身体动作与反应，在游戏中体验拟像操控的快感。

允许玩家通过角色扮演建构自身的叙事并与其他玩家合作来共同实践。在戏剧和小说中作者讲述故事，读者被动阅读、想象其中的情节，这样的影响是瞬间性的。在网络游戏的世界中，虽然设计师可能已经构建一个新的世界，但其中的动作发生、故事的发展需要玩家参与，玩家的交互和创造将持续整个游戏的过程。因此读者、观众转变为角色扮演游戏中的事件参与者与经历者。

由"面到面"在同一个地理和物理位置上的互动转向人机虚拟游戏的互动，从空间互动转向屏幕上的互动。面对面的交流是在场的交流，双方彼此通过观察对方的行为举止与外部特征，来判断对方的能力、地位、兴趣爱好等信息，以便更加深入地交流。交往的第一印象常常通过谈话时的语音语调、肢体语言等信息而建立。戈夫曼认为："个体的表达（连同他给人造成印象的能力）看来包括两种根本不同的符号活动：他给予（gives）的表达和他流露（gives off）出来的表达。前者包括各种词语符号或它们的替代物，使用这种公认的方式仅仅只是用来传达附在这些符号上的人所周知的信息，这是传统意义上的和狭义的传达。后者则包括了被他人视为行为者的某种征兆的范围广泛的行动它预示着：表现出来的行动是由某些原因导致的，这些原因与以这种方式传达出来的信息是不同的。正如我们将会看到的那样，这种区分仅仅只是初步有效的。当然个体会运用两种手段来有意表达有误的信息，第一种涉及欺骗，第二种涉及虚假。"（戈夫曼，2008:2）在现实世界中的扮演受到其身份、地位、种族、阶级等一系列因素的影响。如服务员主动为顾客端茶送水、护士对精神病院的病人进行严厉的管束。（戈夫曼，2008:9）在网络游戏的世界中玩家现实生活中的真实性身份等一系列制约因素发生改变。网络游戏中，玩家扮演的角色犹如戈夫曼说言的"舞台表演"，前台是玩家角色扮演的屏幕，后台是玩家生活的真实世界。角色或人物与同一平台上其他玩家协同，编造一个故事、玩一场游戏或谋求心智、情感、创新能力的开发。洛根认为："角色扮演需要大量即兴的发挥，在一定程度上这是一种虚拟的即兴表演戏剧形式。"（罗伯特·洛根，2012:280）在我们的日常生活中人们谈话间下意识地做出各种肢体语言配合信息的传递。但是，在虚拟现实的网络游戏中，实现这样轻松的动作却不是很容易的事情，游戏角色的动作需要玩家的指令才能完成。存在两个维度平行，一个是可以通过真实的身份进行游戏，也可以以虚假的方式进行扮演。可以进行虚拟扮演的前提，正是网络游戏互动多样性所提供的更多角色扮演的可能性与可塑性。

　　玩家与所扮演角色的情感是相互关联的。童年时期，我们多数人都有玩偶，我们在其中投入许多时间。即便随着我们逐步长大，我们通常会保留1-2个泰迪熊，就成年人而言，人形公仔和雕像依然有广阔市场。事实上，我们总是和物体建立情感联系，这是正常的，例如，我们和汽车、电脑品牌、所喜欢的咖啡、建筑和衣服建立联系。我们对其进行定制，将它们变成我们的资产，通过它们同整个世界进行互动，我们变得越来越喜欢它们。但我们总是清楚它们并非真正活物，我们不是它们，我们是它们的创造者，从某种意义上来说是它们的"父母"。当融入故事元素时，情感联系变得更加复杂。

　　网络游戏的世界，信息以光速传递，抹平了地理的距离，开创了人类全新的活动空间，通过角色扮演，进行互动，成为网络游戏中的重要特征。玩家所扮演的角色，受到计算机、玩家、游戏环境互动的影响与制约，通过媒介，进行虚拟自我的塑造。也就是说，虚拟自我的塑造，不仅是玩家通过操控角色所认识的自我，同时还是与网络媒介环境和其他游戏玩家相交互的、受到游戏机制评价与其他玩家反馈的"我"。

第二节
虚拟自我身份的多样性

邵培仁教授在20世纪90年代末就曾断言:"互动传播和信息革命正在进入一种'临界状态',一个崭新的社会即将到来,新的社会包容着整个世界,互动传播连接着整个人类。"(1996)网络游戏,不仅是玩家的娱乐活动,同时,网络将玩家相连接,带给玩家全新的交流方式,重新塑造玩家的虚拟自我。社会学家郑也夫在《走向游戏的时代》一文中,分析了毒品、购物癖、食物癖、赌博和游戏等上瘾行为,通过在"个人物质资源"耗费、"社会物质资源"耗费与"个人身心健康"损害等几个维度上的优劣对比,得出这样的结论:"游戏是我们最好的选择,很可能也是我们最终的选择。""我们始于游戏,终于游戏。作为个体,我们出生伊始,便懵懂地投入游戏中。作为一个物种,我们越来越多地将自己的时间、精力、智慧投入游戏中。"(Festinger, 1957:182–183)媒介是活生生的力的漩涡,造就新的社会模式。一种文化的主导媒介和技术的知识"决定着该文化总体结构的动因的塑造力量,以及该文化的模式,包括其心理模式和社会模式"。(Innis, 1972:xii)

麦克卢汉的观察为我们提供了上瘾可能的原因之一,他认为,电视劫掠了人的身份。他说:"电视吸光了你的脑髓。"也就是说,电视剥光了收视者的身份,使之不明方向,不知自己为何人。在我看来,其中原因是,电视把收视者变成被动信息接收者。在某些方面,电子游戏为游戏者提供了新的身份,游戏者与游戏互动,在多人合作的游戏里,游戏者还彼此互动,新的身份由此而生。而游戏玩家被引进一个新的世界,在此,他们能想象并创建一个新的身份,这可以用来解释电子游戏使人上瘾的原因。问题是游戏人离开游戏控制台以后,他的游戏身份将如何变化。(罗伯特·洛根, 2012:147)长期以来从心理学和社会学进行电脑中介传播研究(CMC)的学者一直争论在线互动的影响。CMC 的匿名性和距离性具有解除抑制的效果:当人们认为自己的言行不直接归咎于自身,他们喜欢变得摆脱社会习俗的制约,同时他们更加自由地表达攻击性想法。(Wallace, 2001:124-125)同时,批评认为面对面的信息减少将必然导致沟通的恶化;在动态和丰富的社会网络、身份多重性以及语境多样性方面,游戏系统、团队和玩家在网络游戏上的社交活动依然存在。(Gunawardena,1995:146-166)社会学家加里·艾伦在其著作《幻想的分享:角色扮演游戏作为社交世界》中认为:角色的身份或多或少地与其身份相融合……游戏中的身份是基于"真正"身份的假设,尽管其身份是根据游戏规则所制定的,在选择时仍根据目的选择印象。身份的自我呈现不仅仅是恰当和一致的身份表达,同时也隐藏了其他不相符或不恰当的身份表现。(Fine, 1983:195-196)

玩家在身体缺席的游戏世界,扮演的角色具有丰富性、多样性,虚拟自我的塑造更加自由、开放、多元化。美国社会学家雪莉·特克认为:"'泥巴'的匿名特质让大家有机会表露自己不为人知的或压抑的一面,甚至多重面貌,并玩弄自己的身份，尝试扮演不同的性格角色。'泥巴'让流动性、多重的身份概念得以实现，并将它发挥到极致。"（S.Turkle,1998:7）玩家通过网络游戏中的角色扮演参与到游戏活动中。游戏要求玩家按照规则与导向进行相关的活动。纳尔逊所说的"虚拟性"本质上与表现的戏剧概念相通：其一，相当新奇的行动可以用确立因果关系及可能性来有效地表现。这种表现可能没有任何现实世界的对应物，但它们显示出清楚的因果联系（如果我这样做，这将发生，而且是可靠地、一致地）。其二，这类对象或行动的有效表现要求一种感觉（视觉或多重感觉）的构成。其三，纳尔逊对感觉的强调，暗示一个表现对象的首要特性是它对于人类行为者是内在组成部分的表现对象的潜能。（Laurel, 2013:132）与之相比较，舞台上的演员进行歌唱、杂耍等活动来娱乐观众，这与游戏玩家有着相似之处。演员要求进行训练以便更好地进行表演并喜欢演出成功的成就感；玩家也需要不断地进行技能练习，以便更好地完成角色任务并喜欢征服游戏任务的胜利感。演员扮演的是角色并非演员本人；玩家扮演着理想的角色是虚拟的人物。与之不同之处，演员需要按照剧本的要求进行表演，而玩家可以根据游戏的规则进行开放性的探索与尝试。演员是通过面对面的物理在场进行表演；玩家是人机中介传播模式跨越了时间、空间、生理的限制，提供给玩家更大的自由度来扮演各种角色。特克认为："仿真文化有可能帮助我们达到一种多样但统一的身份，其可塑性、弹性与愉悦能力来自接触我们的多重自我。"（1996:168）通过网络游戏可以塑造一个或者多个自我，建立与真实世界或多或少具有差异性的身份。大连理工大学徐琳琳在其博士论文《网络中的虚拟自我探析》中，将虚拟自我归纳为三个类型：（2010:26-28）

（一） "协调型"虚拟自我

"协调型"虚拟自我是指，在现实生活中如何为人处事，在网络生活中依然如此，基本上没有太大的反差。协调型虚拟自我处于网络中虚拟自我发展的高级阶段，很少有人在刚刚接触网络世界后就马上达到这种状态，除非此人天生就自制能力异常突出。

（二）"放大型"虚拟自我

"放大型"虚拟自我是指，在网络上为人处事的方式与现实世界中大体一致，但是程度有所放大。对于那些思想尚不成熟、意志较不坚定、性格不太沉稳、见识不太广博的人来说，他们受到环境影响和暗示的程度无疑要大一些。

（三）"悖反型"虚拟自我

"悖反型"虚拟自我是指，网络上为人处事的风格与现实社会中大相径庭，甚至截然相反。如性格内向的人在网络上一下子变得活泼起来，中规中矩的人一下子变得叛逆，一个在现实世界中表现极好的学生在网络世界中变得面目全非，这是网络中虚拟自我初级阶段出现的比较极端的类型。

网络游戏不仅提供给玩家逼真的影像画面，还提供即时互动、交流的交互空间，并且重新定义了玩家关于时间、空间、场所的个人经验与社会经验，重新思考自身的位置与世界的关系。霍尔兹曼认为：当你从一个万维网上的数码世界旅行到另一个时，你的身份也变得不连续。在某一时刻，你是一个飞过旧金山的领航员；下一时刻，你是个沉思于某种观念的哲学家；然后，用鼠标轻击，您又成了一场战争的旁观者。万维网将重新划分我们的虚拟身份和现实身份的边界。在赛博空间中，分界线是可以穿过的。我们从各自身份彼此连接、形成整体复杂的网络中涌现出来。（曾芬芳，1997:39）Scheel 认为，"玩家和虚拟角色之间的关系非常奇妙。有时候玩家和虚拟角色之间是明显分离开的，但是其他一些时候当玩家全身心投入在虚拟角色中时，如果虚拟角色受伤或是面临危险的时候玩家会牵挂。这没什么大不了的，毕竟，我们会让自己投入在任何我们控制的事物上。比如说当我们开车时，我们把自己的身份投入到汽车上，就好像它是我们自身的延伸。当我们观察一个停车位时，我们通常会说'我想我进不去'。如果另一辆车与我们的车相撞，我们不会说'他撞了我的车了！'，相反我们说'他撞到我了！'，所以我们把自己投射到直接控制中的游戏角色里时也没有什么好奇怪的。"（2010:270）

在游戏的过程中，很多男性玩家选择女性化身，女性同样也会选择男性化身。当询问他们选择扮演一个女性形象给男性玩家，这样做的两个主要原因：首先他们宁愿看一个有吸引力的女性身体打球，即使女性的身体是"自己的"；第二标准的反应是女性角色会获得比男性同行的其他玩家更多的礼遇。在使用女性角色的男性访谈对象描述的经验从简单到复杂的男性女性的游戏。我们应该了解到，当一个虚拟人物出现真正的观众，然后玩家也会因为自己虚拟角色的参与而影响其自我意识。（Coleman, 2011:74）有研究认为：虚拟角色性别对表现的影响似乎与玩家对任务的看法有关（例如任务是更适用于男性还是女性）。在2011年的一项试验时，142名德国大学生接受了电子游戏描述，并创造了自己想使用的一个虚拟角色。之后他们要选择自己虚拟角色的性别，然后接受两个游戏场景描述，并开发出另外两个虚拟角色。最初，受试者更倾向于选择自己本身的真实性别，但遇到特定游戏或场景时，情况就会发生变化。无论他们本身的生物性别或性别角色倾向（更为女性化还是男性化），他们都会选择更为男性化的游戏，例如《侠盗猎车手：圣安地列斯》《孤岛危机》《混乱都市》（*Urban Chaos*），创造男性角色，并针对更为女性化的游戏，例如《模拟人生》《我的动物医院》（*My Animal Hospital*），创造女性角色。除此之外，受试者还会为追击场景创造带有男性特征的角色，为目击采访场景创造女性特征的角色。显然，玩家认为更为男性或女性的角色更适合某些特定的挑战。如果不能获得任何好处，玩家就更偏爱那些代表自己生物性别的角色。（Aranzaes, 2014）网络游戏中，玩家角色性别的改变，尽管是暂时的、虚拟的，但对生活产生了潜移默化的变化。莱文森认为：虚拟的人际错觉在网络时代到来之前就已经存在，"电话、电报和任何形式的书面交流，只要双方从未谋面。"（莱文森，2001:84）"一个人在现实生活中是男的，而在《第二人生》中却是个女的（即使现实生活中他变性了）；同时还存在另外一个人，这个人在现实生活中是异性恋，并且他在《第二人生》中的化身也是男的，但一段时间之后他决定改变成女的。至此，有趣的事情发生了：这两个率直的家伙在《第二人生》中邂逅并且一起堕入爱河，而如今干脆直接在（游戏）里面结婚了。"（瓦格纳·詹姆斯·奥,2009:55）

第三节
数字村落中的虚拟自我

　　纵观电子游戏发展历史，早期以单机游戏为主，主要原因在于游戏硬件的局限性。随着计算机网络的普及，多人化的互动趋势显而易见。单机游戏成为一种短暂的过渡产品，越来越多的游戏平台走向了网络化，人类趋向于花更多的时间参与到群体性活动中。"客户端网络游戏的用户大多目的明确、对游戏的参与意愿较为强烈。他们多数通过自主选择方式进入游戏，甘于付出庞大容量客户端下载的时间成本，进入游戏探索、社交需求较强，不会轻易离开。"（中国版协游戏工委，2013:33）现实世界中的游戏是真实空间下的角色扮演，带给我们欢乐愉悦。网络游戏，电脑屏幕中不是镜子中真实的自我影像，而是意识中的自我化身，玩家心目中的角色扮演。玩家生活在虚拟世界里，穿越时空，游走于键盘上，将玩家的意念与幻想投射于其中。媒介是活生生的力的漩涡，造就新的社会模式。斯通（A.R.Stone）将网络空间视为一种社会空间的延伸，认为："五花八门的电子网络正在形成一种人际互动的模式，它是社会空间的一种新形式。我们不妨称为'虚拟'空间——一种由共识形成的想象中的交往处所。"（2000:505）一种文化的主导媒介和技术的知识。

麦克卢汉引用希腊神话那喀索斯的情节，认为少年那喀索斯在水中的延伸使其麻木，直到他成了自己延伸（即复写）的伺服机制。并从中受到启发："人们对自己在任何材料中的延伸会立即产生迷恋。"（2000:74）并从生理学视角，说明人的延伸会使人麻木，并将其看作是"自我截除"。中枢神经系统负责协调人的感知媒介的电路网络。电力技术到来之后，人延伸出（或者说在体外建立了）一个活生生的中枢神经系统模式。广播媒介的发展，强化了听觉，触觉、味觉、视觉受到了影响。不同感官的自我延伸引起了新的感官比率，谋求新的平衡。"作为感知生活的延伸和加速器，任何媒介都立刻影响人体感觉的整体场。"（麦克卢汉，2000:78）诗人布莱克认为"人是被技术分割肢解了，每一种器官都变成一个高强度的封闭系统，这个系统把人抛进了'苦难和战争'之中。"（麦克卢汉，2000:79）他的论断里其宝贵之处在于，强调技术对人的作用。但是，夸大了技术的作用，隐含着技术决定论的影子。芒福德在《历史名城》中认为，"有围墙的城市是我们皮肤的延伸，正如住宅和衣物是我们皮肤的延伸一样。入侵之后的余殃时期和备战时期相比，是一个技术上更加硕果累累的时期，因为臣服的文化不得不调节其全部的感官比率，以顺应入侵文化的影响。"（麦克卢汉，2000:80）网络游戏带来的全新感知方式，是一切媒介的媒介。必然带来全新的感知比率。在游戏世界中，玩家的意识通过中枢神经的指令，直接反馈于屏幕之上，打开眼、耳、手、心的感知通道，并进行配合，完成摆脱肉体的精神控制与传输，关闭了其他的感知通道，全身心投入到实时生成的游戏画面的事件之中。并将在电力时代给予我们视通万里的整体感知媒介进行着修正，改变成双向互动的积极参与式。无论个体还是集体的感知，都被前所未有的提升，屏幕成为玩家通向心流体验的重要媒介通道。用眼、耳、手、心的沉浸感知全新的游戏世界。

帕克（Robert Ezra Park）认为："'人'这个词最初的含义是一种面具，这也许并不是历史的偶然，而是对下述事实的认可：无论在何处每个人总是或多或少地意识到自己在扮演一种角色……正是在这些角色中我们互相了解；也正是在这些角色中我们认识了我们自己。"（转引自戈夫曼，2008:16. 麦克卢汉，2000:93）"从某种意义上说如果这种面具代表了我们自己已经形成的自我概念——我们不断努力去表现的角色——那么这种面具就是我们更加真实的自我，也就是我们想要成为的自我。最终我们关于我们角色的概念就成为第二天性，成为我们人格中不可分割的一部分。我们作为个体来到这个世界上，经过努力而获得了性格，并成为了人。"（转引自戈夫曼，2008:16）戈夫曼认为面具角色成为人的第二天性，是否可以假设，网络游戏中的角色扮演，带给了玩家第三天性？

法国精神分析学家拉康所说："他人对自己的评价就是自我评价的一面镜子。"（格尔达·帕格尔，2008）美国社会心理学家费斯廷格也指出："一个人对自己的价值的认识是通过与他人的能力与条件的比较而实现的。"（1957）"在这个电力时代里，我们发现自己日益转化成信息的形态，日益接近意识的技术延伸。我们说我们日益了解人，就是这个意思：人可以越来越多地把自己转换成其他的超越自我的形态。人是一种表现形态，传统期待人重复自己的言语，重复造物主对他的表扬。"欧文·高夫曼在其著作《日常生活中的自我呈现》中认为"每一个人在扮演一种角色时，他必定期待着他的观众们认真对待自己在他们面前所建立起来的表演印象。他想要他们相信，他们眼前的这个角色确实具有他要扮演的角色本身所具有的品性，他的表演不言而喻也将是圆满的，总之要使他们相信事情就是它所呈现的那样。"

马克·波斯特在《信息方式》中，从不同的角度对电视的意识形态进行了探讨。他认为，以电视为典型代表的电子媒介在信息方式上具有持续的不稳定性,这使得主体具有了自我去中心化、分散化和多元化的特征。(2000:13)"电子媒介交流展示了一种理解主体的前景,即主体是在具有历史具体性的话语与实践的构型中构建的。"人们从此可以将自我视为多重的、可变的、碎片化的,简言之,自我认同本身就变成了一项规划。"(波斯特,2000)网络游戏提供给玩家的是"对话""交流"模式,改变了传统语境中的媒体"独白"性。在"对话"过程,玩家进行着自我建构过程与自我身份的塑造。特克(S.Turkle)基于对 MUD 游戏进行了关于自我认同的田野调查,认为,在网络游戏中,"自我不仅只是因时间、地点、情境差异而扮演各种角色……视窗所带来的世界是去中心的自我(decentered self),在同一个时段活在不同的世界并扮演各种角色。在传统剧场及现实的角色游戏中,人们出入于各种角色间。相对地,'泥巴'却让你同时拥有两种平行的身份及人生。这个平行、对应的感觉促使人们将网路与现实一视同仁。"(1998:10)

帕克把价值分为"真实生活的价值"与"想象的价值"两大类,并认为游戏的价值是"欲望的想象性满足。"在这样的想象空间中,玩家间的交往与人类面对面的可感知的社会行动相区别,以一种超自然的虚拟性,没有自然物理的属性,如温度、重量、体积等,而是通过计算机中介的运算在屏幕上呈现,信息通过数字化的方式呈现。埃米尔·德克海姆曾说:随着社会的扩大并复杂文化的差异日益明显,即使是同一社会中的成员,他们所拥有的文化基础也只能是人性而已。人们越来越认识到相互间的差异和依存关系。在这种情况下人的神圣性和普遍人性便成为极少数能维持人类共同性和一致性的文化理念。网络时代的社会性较以往都更有可能贴近这种人类共同性。(转引自王天德,吴吟,2005:169)全球化的今天,人们生活在网络包围的地球村中。日常生活越来越多地依赖于媒介,虚拟与现实的界限已经模糊,甚至断裂(波德里亚)。艺术作为后现代文化的组成部分,"技术越大量地决定我们的生活世界，文化与精神科学中对技术持异议者就越活跃，将社会成员联系一起的精神纽带就越是要加强。要不然，就会出现因技术病理后果而来的文化病理后果，即个体依赖以技术的范畴来把握自己、自己与他者的关系。其结局是人的智力财富衰减和人的扭曲。"（彼得·科斯洛夫斯基，2011:40）艺术与非艺术的界限在消失，艺术通过技术媒介的发展，带来了新的感知模式。

网络游戏，玩家在交互媒介中，接受媒介的塑造。作为整体的网络媒体正在成为模拟的存在。"常规的观念是，一切媒介都是中性的容器，我们只不过把内容装进去，并且把内容传递给受众，然而，麦克卢汉认为这个观点很天真。他的看法是：我们有意识的头脑塞满了显形的内容，我们的无意识容易受到媒介的潜意识影响。他喜欢借用艾略特的一个比方：内容是一片滋味鲜美的肉，侵犯媒介的敲门贼用这块肉来干扰头脑的看门狗（McLuhan，1964:18）。不知不觉间，我们的感知系统已经受到媒介的塑造，成了我们挑选感知和经验"现实"的过滤器。没有这样的过滤器，我们就会因为输入信息的超载而精神失常。与此同时，我们逐渐把这些过滤器的特征和理性本身等同起来，至少把理性等同于知识、智慧和真理的'自然'结构。"（林文刚，2007:135）"网络空间暗示着一种由计算机生成的维度，在这里我们把信息移来移去，我们围绕数据寻找出路。网络空间表示一种再现的或人工的世界，一个由我们的系统所产生的信息和我们反馈到系统中的信息所构成的世界。……当我们觉得正穿过界面转移到一种有其自身维度和规则、相对独立的世界的时候，我们便是住在网络空间里了。我们越是使自己习惯于界面，我们越是在网络空间住得惯，这便是吉布森所谓的'自愿的幻觉'。"（迈克尔·海姆，1997:79-80）媒介日益实时化、可视化和定位性为玩家提供"我在这里"的体验，而这里并不完全与物理空间相关联，换句话说，无论是地理区域也不是有形的实施方案站作为能在别处或者是存在于专用指示，玩家通过角色化身在屏幕上呈现出被过滤的身体。1994 年，虚拟地理媒体理论家麦肯·齐沃克在他的著作中描述了我们继承于全球媒体的出现虚拟地理环境。他写道我们每天生活的世界中存在另一个熟悉的地形：由电视产生的地形电话、电信网络纵横交错全球。"虚拟地理"将在感知体验的延伸地形中瞬间传播。（Wark, 1994:VII）在他的论点下全球媒体影响了我们对世界的体验（即我们在本地住的地方）并提供了窗户进入另一个世界。沃克将此描述为心心相印感知的效应。

在《交流的狂喜》一文中，博德里亚表达了相似的思想："某种变化发生了，生产和消费的浮士德式的、普罗米修斯式的（也许是俄狄浦斯式的）时代让位于网络变幻无常的时代，让位于连接、接触、邻近和反馈的自恋式的、变幻无常的时代，一体化的分界面与世界的通讯同步运行。由于电视形象——电视成为我们这个新时代的终极的、完善的对象——我们自己的身份及周围世界成了一个控制屏幕。"（格丽特·A. 罗斯, 2002:31）虚拟世界通过一个系列服务器，允许多人同时访问相同的信息这样的方式，使玩家能够实时交互，这也意味着我们可以进行同步对话与直接反馈，通过计算机实时运算与处理屏幕上将呈现出玩家在虚拟世界中的方位以及正在发生的事情。对于基于文本的游戏世界可视化发生在玩家阅读文字的想象之中。在图形化的游戏世界中，计算机通过网络将生成的图像传递给玩游戏的每一个玩家。数字时代的网络游戏，提供给玩家参与体验的媒介。麦克卢汉在分析电报时，认为："电力媒介废弃了空间的向度，而不是拓展了空间的范围。借助电力媒介，我们到处恢复面对面的人际关系，仿佛以最小的村落尺度恢复了这种关系。这是一种深刻的关系，它没有职能的分配和权力的委派。"（2000:315）电力媒介，恢复了面对面的人际关系，网络游戏，通过化身的方式面对面，将现实世界互不认识的玩家相连在虚拟时空中，共同游戏，扩展了人际关系，重塑虚拟自我认知的方式。

传统上"社区"是指，在公共场所一群社区、人以多种方式交互决定了我们的基本，意味着怎么参与的社会观念。随着分布式网络通信技术的来临，社会上传统的概念已经发生深刻地改变。也就是说，社区可以通过实时交互的游戏平台，而非空间位置来决定。麦克卢汉的名言"新兴的电子相互依存（electronic interdepence），以地球村的形象重新塑造这个世界"（1982:43），引起了两种反应：第一是承认，正如大多数村民可以迅速分享信息一样，20世纪这个行星的公民，很快就可以分享电话、广播和电视传播的信息；第二个反应是高声嚷嚷，我们可以在电视上走进去的家庭和壁炉在哪儿？广播能够像邻里一样给我解答问题的答案在哪儿？在电话上，朋友的面孔、握手和抚摩在哪儿？（莱文森，2001:37）梅罗维茨指出："许多过去不同的群体共享相同的场景，产生了要求全体人类共享单一的'居民'身份的压力。即使是从长远来看，由共享的电子信息所创造出的'群体'规模太大，无法维持传统的群体凝聚力；它包括的人太多，以至于无法让其成员有特殊的和独特的感觉。不去管其所有的潜在含义，将整个国家或者世界当作是自己的'邻里'或'村庄'是不可能的。因此，依据共享信息的'子集'，有了子群体的产生或持续存在，但是它们的界限则由于电子媒介的大量共享信息而模糊了。实际上，现在人们必须有意识地努力维护群体身份的区别，而这在过去是被认为理所当然的。与通常的看法相反，我认为最近非常流行的寻'根'和'民族身份'，可能并不是传统意义上群体身份兴起的标志，而是没落的标志。非常有力的群体身份是无意识的和直觉的。对祖先和背景的主动追溯可能意味着，意识到身份危机以及相对无根的感觉。""通过将生活的后台区域推向公众区域，电子媒介使得扮演传统的正式角色更困难了。行为所展示的仍然是'角色'，虽然是采用了新的模式以匹配新舞台的偶然性。虽然'礼仪'在一些圈子里被认为是过时的，但是我们对其他人行为的所有期望（失望）仍然有着暗含的礼仪。而新礼仪的一部分是，我们不再必须扮演某种传统的正式角色"（梅罗维茨，2002:213,127,311）地球村强调信息全球同步，在世界范围的共享。在莱文森看来，电视观众与地球村村民存在差异，电视媒介，是单向式的信息媒介，"地球村还是一个窥视者的村落，根本不是互动意义上的村落。……凭借因特网和万维网，地球村里的互动性也已经变成现实。"（莱文森，2001:39）网络游戏，将玩家汇聚在视觉屏幕的舞台上，展现着各自的超凡能力与使命。通过行为、形象重新认知地球村。游戏人物与团队任务，为玩家营造了一个全新的地球村。

网络游戏，其从连接到分布的传输方式，隐喻着现代社会技术带给游戏玩家的启示。早期的虚拟世界是简单的图形界面，大规模的游戏玩家的复杂性需要对游戏世界的事件有详细计划，在设计制作大型多人在线游戏时重要的启示：我们原来的想法是创造能够支持20000人口容量的化身世界，预期扩展到50000人口。关于运作的复杂性问题的任何方面的思考都已经预计。然而在实践过程中复杂的阈值问题在开发的早期就超过了预期。当我们的在线社区的人口已达到50人左右（这50人是"内部"的人已经准备容忍洞穴和粗糙的边缘）。此外在《栖息地》的虚拟世界中需要一定的人口规模。有20000个化身我们就需要20000栋房屋安排在城镇、城市交通要道、相关的购物和娱乐区周围。我们需要城镇之间的宽阔地带使每个人都不会被挤到同一个地方。最重要的是我们需要20000个人有事可做。每个人的城镇——道路、房屋、商店、森林、剧场、竞技场和其他地方是一个独立的实体，需要有人来设计和创造。（Morningstar, 1991:286-287）当今的网络游戏，玩家将虚拟和现实混在一起。玩家生活在混合信息的游戏世界中。通过化身的模拟，代表玩家的真实想法。化身成为玩家意识的代理。在1980年代，个人电脑通过网络进行连接，网络游戏从文字走向图像，即从文字想象到图像沉浸体验，这是开创性的改变。玩家游戏的过程中，沉浸在不将虚拟的图像作为游戏体验的真实感受之中。（Coleman, 2011:65）

S.Turkle在《虚拟化身》中关注网络游戏，人与人之间借着计算机网络的链接，隔离所架构出来的人际关系对自我认同的影响。Turkle 将网络上探索自我认同的活动放到后现代主义模拟文化的脉络下，来理解她认为网络使得看似抽象的后现代主义在社会中有了具体的展现。在这里她所指的就是平行、多元、去中心化、片断化的自我认同以及对外在世界从表面来掌握其意义，而非追根究底地寻找其背后运作原则的态度。其中最关键的是热衷于网络上角色扮演游戏的使用者，将会慢慢地将现实世界的生活视为与网络世界上任何一个窗口当中的世界一样，也就是说现实世界也只不过是另一个窗口而已，而且还不见得是最好的。在这种状况下将会产生一种后现代的生活态度亦即不再主张自我的统整与一致性，认为每个窗口中、每个面向的自我都是同等地真实，其间并不存在层级或相互比对、确认的关系。（1998:iv）借用网络来揭示人与人、人机交互与连接的文化意义。网络的主要特性是它的分散、扁平化，不是分层结构，打破了等级秩序，网络连接可以跨节点发生在众多的方向上。

第四节
虚拟与真实自我的混合

真实世界沦为影像，影像却升格成看似真实的存在。波德里亚（2003:76）有言，"原始社会有面具，资产阶级社会有镜子，而我们有形象。"斯洛文尼亚学者齐泽克《从虚拟现实到现实的虚拟化》（2001）一文认为，虚拟现实的发明影响了人们对现实的看法。类似现象在历史上不止一次发生过。例如，人工智能研究起步之后，就产生了这样的思考：如果人类智能本身是像计算机一样运作或编程的，将会怎样？虚拟现实的终极教训是不折不扣的现实的虚拟化。有了"虚拟现实"的海市蜃楼，"真正"的现实本身被定位于它自身的假象，作为一种纯粹的符号建构物。"计算机不会思考"的事实意味着我们访问"现实"的代价也是某种东西必须保持不加思考。虚拟化过程终点的结果是我们开始将"真实现实"当成"虚拟现实"来体验（迈克尔·海姆，1997:177-192）。米切尔（W. J. Mitchell）认为"比特与原子的实验性分离已经过去。在先前的数码革命中，诉诸这些信息和物质基本单位的分离看来是有用的。虚拟领域与物理领域被想象为彼此分割的赛博空间和肉体空间，如今，两者的界限已经消解。网络化只能被嵌入遍布各地的物理系统（包括自然系统和人工系统）。发生于物理空间与赛博空间的时间相互反映。"（特克，1998:3）

网络游戏改变玩家的思考模式、改进社交方式与情感生活，正成为人类生活的重要组成部分，成为亲密的生活伴侣。玩家对真实世界的看法受到游戏世界经验的影响，相信屏幕上看到的内容。"即便是在叙述的最简略的爱抚、呻吟与交媾过程中，性腺也实际触动着，而且通常悸动的猛烈程度不亚于真实生活中的性行为——由于拥有匿名与出自内心深处奇想的文字暗示的优势，这样的悸动有时甚至比真实生活更猛烈。如果虚拟环境的玩家的悸动都很对胃口，谁又知道会怎样？"（特克，1998:360）当玩家习惯于游戏世界中的交往以后，游戏世界中的事物与符号、对象与在线、现实与幻觉之间的界限越来越模糊，就会不断淡化虚拟与现实之间的差异，改变着玩家的生存方式、交往方式、思维方式。游戏中的角色、场景是游戏设计师的创作，玩家自由的迷失在游戏体验的欢快世界中。

穆尔通过哲学—人类学的分析，强调人类及其科技文化的成果在空间的揭示与发现中所扮演的重要角色。人类驾驶轮船航行大海发现了地理空间，恰如太空航行和天文学发现了宇宙空间，（电子）显微镜发现了（亚）原子空间一样。凭借法律、建筑和机构的帮助，我们创造了社会空间，而魔术与仪式则发现了神圣的空间。这些空间一旦被发现，它们就反过来构建我们的行动。贸易通道的发现、停泊之地与商贸城镇的建立，都导致了特定的时空走廊的形成。正如我前面所提到的谈判空间的例子那样，空间创造了一种有可能的作用与互作用构成的指令系统。赛博空间亦同样如此。电脑网络遍及世界，其硬件和软件揭示了一种虚拟纬度，既超越又交织于我们的日常生活世界。（约斯·德·穆尔，2007:10）

电力时代，屏幕是休闲的一部分，如电视、广播、随身听等媒介。数字时代，电脑、数字电视，屏幕越来越大，手机随身携带，地铁、公交、桌上、床上，无处不在，无孔不入，玩游戏，甚至半夜起来偷菜，都悄悄地改变着人们的生活方式与习惯。以前是因无聊而玩游戏打发时间，现在是花费大量的时间，在玩游戏，做任务，废寝忘食。

博得利亚用"超真实"进行表述，真实与非真实之间的区分已变得日益模糊不清了。这个词的前缀"超"表明它比真实还要真实，是一种按照模型产生出来的真实。此时真实不再单纯是一些现成之物（如风景或海洋），而是人为地生产（或再生产）出来的"真实"（例如模拟环境），它不是变得不真实或荒诞了，而是变得比真实更真实了，成了一种在"幻境式的（自我）相似"中被精心雕琢过的真实。（道格拉斯·凯纳尔，斯蒂文·贝斯特，2011:133）游戏中的玩家，具有强烈的控制能力，游戏世界中，玩家的能力远远超越了现实生活中的真实人，致使玩家依赖于游戏世界中的角色，视为第二人生。网络将世界各地的游戏玩家聚集在《第二人生》的世界中，以化身形象展现在玩家面前，带给玩家始终在那个地方的感觉。我们不得不在同一时间在物理世界与网络世界共同存在。玩家通过角色扮演在交流的背景下形成了社会协同性的团体。提供给玩家不同形式的社会身份感在虚拟环境中形成了"真实世界"的群体，并通过游戏保持社会的凝聚力。这些凝聚力的形成不是由物理空间，而是通过有些任务等游戏情节过程中，在玩家的共同利益与情感的基础上。游戏提供了一个平衡玩家欲求的方法：让铁杆玩家与休闲玩家各自寻找到平衡点，在游戏互动中，不会因为感到游戏的不公平而感到失落。《魔兽世界》的制作总监 J.Allen Brack 就此指出其中的一个关键部分："我们想出了一种休息规则来公平地对待不同等级及类型的玩家。你在游戏中能体会到这一点，比如说，如果当你准备下线一段时间时，你可以让角色待在某个旅馆里。角色以这种方式休息时，他会储存双倍的经验值，那么当你明天上线时，你的角色升级进度似乎依然能够'跟得上'那些已经玩了通宵的铁杆玩家。当然，这些双倍经验值并不会影响那些从游戏任务奖励中得来的或者是游戏中提供的其他经验值奖励。我们觉得这个规则真的很公平，它既能褒奖那些休闲玩家，又不会伤害铁杆玩家的游戏进程。"（怀曼，2013：25）在这个过程中，更多地提供给玩家与现实一样的生活体验，与现实中的作息时间相对应，保证玩家有更充沛的精力与体力参与到游戏活动中，以便更好地体验游戏带来的快乐，而非游戏压力与任务。

Brack 谈到了《魔兽世界》（WOW）所引入的任务体系以及团队在构建这种体系时的努力方向。在这款 MMO 多人在线游戏之所以取得骄人成功的种种因素之中，作为游戏中最吸引人的特性之一的任务体系至少应占有一席之地。"我们一直都想为 WOW 中的玩家提供一种简单方便的用户界面（UI），并力求达到一种平衡——我们要让玩家觉得这个'世界'很自由，他们可以指定自己的行为目标，并且几乎可以到处周游、随心所欲。而另一方面，这或许是面向其他类型的玩家的，我们得让他们感到值得去花大量时间去历练而不觉得无聊。任务构思的关键就在于如何设计那些普通且带有奖赏的低烈度任务，你得让玩家能迅速完成这些任务。凭我们的直觉判断（同时这也是我们所希望的），玩家会由此产生一种'我想再做一个任务'的感觉。我们觉得这就是游戏体验中的关键诱饵，并且我认为我们在这方面的处理上拿捏得体，成效也不错。"（怀曼，2013：23-24）

一位游戏玩家痴迷于 MUD，在 BBS 上表达了他的感受："其实 MUD 与现实世界确实存在着很大或者截然不同的东西。因为在 MUD 中你可以拥有一个角色去扮演你理想中的英雄，也可以在上面把在现实中不能说的话（或者是对平淡生活的牢骚，或者是对某人的不满）告诉你信得过的朋友，还可以重回远古的历史，进入金庸、古龙笔下的江湖去以一剑泯恩仇。现实中也许你只是个文质彬彬、手无缚鸡之力的文弱书生，可是在 MUD 中你也许就是一个经常行侠仗义、武功高强的武林高手；现实中也许你内心善良，连一只蚂蚁也不敢杀死，但在 MUD 中你却可以成为一个杀人不眨眼的魔头；现实中你也许是一个虎背熊腰、力大无穷的大汉，但在 MUD 中却也许就是一个千娇百媚、风情万千的弱女子……总之，MUD 就是这样一个光怪陆离的世界，它可以和你现实的生活完全地颠倒过来，能让你尝试另一种个性，张扬一种与现实的你背道而驰的个性。正是它的虚拟性才让我有机会塑造另一个自我。"（新华社，2004）

Sirbruce 的游戏博客里贴出他的扮演女性化身的"MMOG 变性者的自白。"（SirBruce, 2006）以他的经历介绍了"同性恋"的关系，他的女性化身与另一女性化身实际上也是一个男人。Sirbruce 描述了男女爱情的快感，但没有讨论任何的可能性，这也可能是两个男人之间的同性恋关系。这种关系一旦泄露到了他们的真实身份，恋情即结束（Sirbruce 解释说知道化身玩家彼此都是男性时，大家成了好朋友而且雇佣他"兄弟"为其工作）。洛根通过对《第二人生》分析认为："其虚拟世界的活动对游戏者的真实生活产生影响。例子之一是具有真实货币经济的平台游戏人进行真实的交易，交易又转换为虚拟视频或服务的买卖。《第二人生》《安特罗皮亚的世界》和《在那里》是这类游戏的主要代表。除了这一类外，另一类网络游戏平台有《槌球》《在线互动虚拟环境》《活跃世界》（Active World）和《虚灵公园》，其宗旨既不是商业经营也不是严格意义上的娱乐、自娱或消遣，而是旨在帮助参与者获得某种领悟，学到一些经验或一套技能，而游戏的收获对真实世界的生活是有价值的。"（罗伯特·洛根，2012:280）同样埃德尔·珀拉塔（Eyder Pedata）2006 年 5 月 26 日在《休斯顿记事报》（The Houston Chronicle）发表文章总结这些人对 3D 虚拟现实平台的立场，认为那样的活动是真实的："在《第二人生》里，世界是虚拟的，但情感是真实的。"（转引自罗伯特·洛根，2012:280）

莱文森认为："第二人生"中的化身、动画、声音使之更像生活的另一种选择，而不是生活的附属物。这是第三种生活的地方，不同于我们离开电脑的生活，同时也不同于我们凭借电脑和手机追求的生活及其乐趣。当然毫无疑问，"第二人生"也是我们真实生活的一部分，像其他一切新新媒介一样，它也存在于互联网的母体中，并最终证明，它将改变我们真实生活里的乐趣、爱情、政治和商务活动。（莱文森，2011:145）游戏玩家肉体生活在现实世界中，化身生活在网络游戏中。虚拟世界的实时交互、可视化、共同居住感的特质，提供给玩家亦真亦幻却真实生动的体验，并将真实生活中的情感与之交织。玩家不仅有线上、线下的生活，更将二者融为一体。

CHAPTER 07

Chapter 07
第七章 网络游戏中的媒介定律

第一节
媒介定律

麦克卢汉的媒介四元律——放大、过时、再现和逆转，成为他的天鹅绝唱。媒介四元律对任何一种媒介的冲击力和发展都提出了四个问题：①它提升和放大了社会或人类生活的哪一个方面？②它遮蔽或使之过时的是什么东西？也就是说，它遮蔽的是它来临之前受到欢迎或地位突出的什么东西？③它再现的是什么东西？它把什么东西从过时的阴影中拉回来放到了舞台的中央？④当它走完生命历程、潜力登峰造极之时，它逆转为什么东西？或者说，它摇身一变成为什么东西？（莱文森，2007:179）正如洛根所言："这些定律显示出反知觉注意的性质。"对于无法理解他的人来说，四定律是痴人说梦；对于媒介环境学派的研究者而言，这个定律是开放的，带给研究者更多的思考空间与启示。

麦克卢汉认为，他的媒介四元律对我们理解媒介有实用价值。事实上，这个定律差不多把麦克卢汉的一切主要洞见都捆在一起，甚至还澄清了这些洞见。他的洞见包括：电子媒介使听觉空间放大，大众媒介（从我们的观点看是电脑出现之前的大众媒介）使印刷过时，并在全球范围内再现了昔日村庄的成分，这些媒介最终发生了逆转（可惜他去世之前没有看到这样的逆转），它们逆转成为一种非常独特的电子环境，这种电子环境是数字在线的时代，是数字时代的互动能力，是对守门人功能的削弱。我们今天看到的就是这样的情况。（莱文森，2007:176）莱文森认为，麦克卢汉的"四元律"，"在循环往复展开的过程中，存在着实实在在的前进运动——那不是一个封闭的圆圈。因此，更恰当的表述是螺旋型展开。正如我上面说明的那样，电视所再现的，实际是过去多种环境的具有原创性的复活体，而且这个复活体具有崭新的性质。换言之，我们也可以这样来表述：虽然广播逆转为电视的时候，再现的是被广播取代过时的东西——在此是视觉，然而电视在这里"拯救"的环境，和昔日那种视觉的确是不一样的。因为这里的视觉被新的媒介（电视）提升了，比它昔日的样子高出了一个层次。"（莱文森,2007:180）

第二节
媒介定律的启示

洛根根据媒介定律，对电子游戏进行分析，认为："电子游戏提升游戏的水平；使桌面游戏和纸牌游戏过时；再现魔幻；逆转为虚拟现实。"（2012:143）在电脑网络连接的游戏虚拟世界中，玩家跨越地理的局限，在网络游戏的盛大场景中，进行着游戏与交流。不再是蛋白质组织构成的物理人，而是有数字网络构成的电子人。在游戏中，玩家有着更加强大的超凡能力。按照虚拟现实研究人员的观点，计算机环境的虚拟物体要让人产生类似于现实物体的存在意识或幻觉，必须具备三种基本的技术要素：第一，图像（imagery）。虚拟物体要有三维结构的显示，其中包括主要由以双目视察、运动视差提供的深度信息；图像显示要有足够大的视场，造成"在图像世界内观察"而不是"窗口观察"的感觉；显示画面符合观察者当前的视点，能跟随视线变化；物体图像能得到不同层次的细节审视。第二，交互（interaction）。虚拟物体与用户间的交互是三维的，用户是交互作用的主体；用户能觉得自己是在虚拟环境中参与对物体的控制，交互是多感知的，用户可以使用与现实生活不同的方式（例如手语）与虚拟物体交互。第三，行为（behavior）。虚拟物体在独自活动、交互活动或与用户交互作用时，其动态都要有一定的表现，这些表现或者服从于自然规律，或者遵循设计者想象的规律，这也称为"虚拟实在系统的自主性"（autonomy）。自主性是指虚拟环境中物体依据物理动作的程度。如当受到力的推动时，物体会向力的方向移动、翻倒或从桌面落到地面等。虚拟物体对用户的不平凡反应往往能令人增加信任感。（曾芬芳，1997:5）网络游戏中，玩家以数字人的化身，进行着角色扮演，与其他玩家化身进行多元的互动，沉浸在超现实的虚拟现实之中。

同时，洛根在麦克卢汉关于口语与书面特征比较方面，加入了模拟式传播。强调与口语传播和书面文化传播存在基本的差异，而不是处在对立的两极，从模拟式传播到口语传播再到书面文化传播构成了一个频谱。（罗伯特·洛根，2012:30）表7-1中，可以看到不同媒介时代，媒介对感知变化的影响。

表7-1 模拟式传播、口语传播、书面传播的区别

模拟式传播	口语传播	书面传播
同步	序列的	序列的和线性学
包容一切的	包容一切的	分割肢解的
具象的、经验的	概念的	概念的和抽象的
即感知的		
本能的	直觉的	理性的
神秘的	神秘的	因果关系的
条件反射的/归纳的	归纳的	演绎的
一般的	有一些专门化的	专门化的
触觉/声觉的	较多声觉/较少触觉	视觉的

口语时代，人从模拟时代的具象的、经验的、感知的思维方式转向概念化的思维方式，书面传播时代，再次加强了概念化的思维方式，同时，文字的线性阅读方式，也将人推向理性思维的高点。

根据麦克卢汉的"四元律"启示，笔者尝试通过洛根的五个媒介传播时代的划分，以及不同媒介对时间、空间、视觉、听觉的偏向性特征不同，设计了一幅媒介传播偏向示意图（图7-1）。模拟式传播时代，人在现实时空中，通过面对面的交流进行传播，是此时此地的视觉、听觉全感官调动的互动、同步交流方式，处于感官、时空平衡状态。口语传播时代，文字作为口语传播的载体，强调了概念性，减少了触觉感知，但仍然处于感知平衡的互动时代。

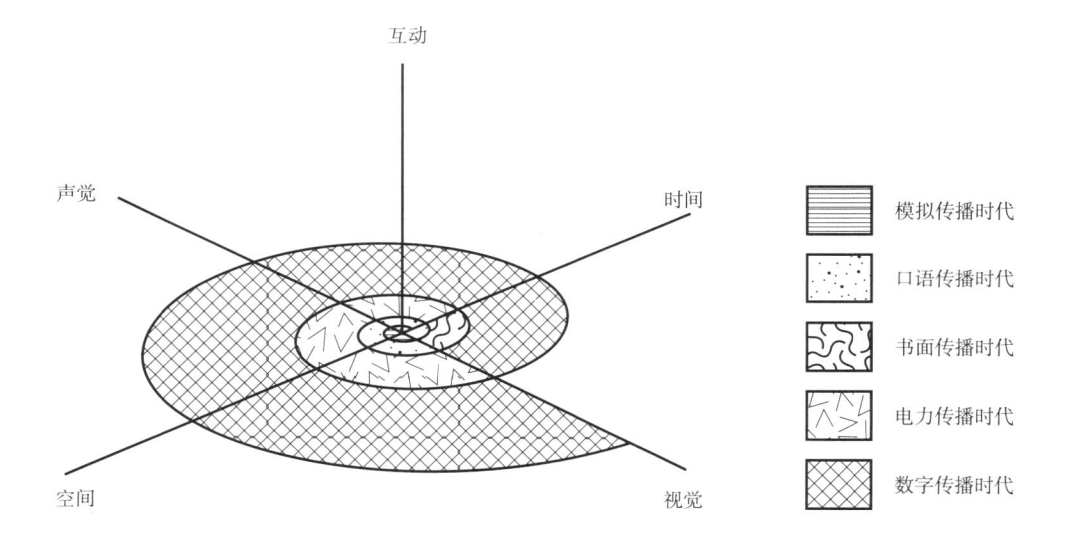

图7-1　不同传播时代的声觉、视觉、时间、空间、互动偏向

书面传播时代，打破了信息时空的界限，不再强调此时此地，信息通过文字进行传递，需要通过线性时间的阅读，关闭了耳朵、触觉等感官，互动也随之消失。读者在

默读过程中依靠眼睛识别拼音文字给言语解码，读者依靠眼睛，耳朵感官被截除，于是建立起了以眼睛为主导感官的感知比率。给读者带来的体验是：不依靠耳朵来确认真相，而是依靠眼睛来确认真相——"眼见为实"，强调线性的阅读与深度的逻辑推理。洛根认为："一种传播媒介造成一种感知偏向，因此而造成一种新的认知风格。前文字的文化存在于一种声觉世界里，在那里，一切信息都是实时同步加工的。另一方面，书面文化的社会形成了感知里的视觉偏向，这是因为书面文化使用视觉，在那里，信息加工以线性序列的方式展开，一个字母接着一个字母，逐词逐句地展开。在信息的电子传播条件下，新的感知比率出现，视觉和声觉都起作用；视觉起作用，因为抽象符号包括字母和数字仍在使用之中；声觉起作用，因为同步的电子传播使实时同步性得以实现。"（罗伯特·洛根，2012:313）与之相反，口语时代，更加依赖于当下的对话与交流。

电力传播时代，是麦克卢汉所谓的"声觉"空间。洛根在分析麦克卢汉的声觉空间与视觉空间时，认为：文字的偏向是视觉，言语的偏向是口语。但确定电力传播的偏向就比较难。然而，电力信息模式却反映了口语传播的若干特征：整合或去专门化、同步性和去集中化。（2012:320-321）口语传统与电力信息模式的新思想促使麦克卢汉断言，电力传播的固有偏向是口语（Mcluhan, 1962:86）。"电子时代，资料分类让位于模式识别。不是一个割裂的世界，而是一个整合模式的世界。"（麦克卢汉，2000:26）电力传播时代，尽管信息可以瞬间传递，但电视、广播等媒介依然维持着单向传播，缺少互动性。

数字传播时代，是全新的互动时代。莱文森认为："在媒介及其效应之间，存在着一种循环展开和渐进展开的关系。"（2007:180）笔者认为，数字媒介是媒介演化达到了模拟现实世界的全感官互动的新高度。麦克卢汉认为：电能指向意识延伸的道路——在全球范围内的、无须任何言语的道路。这样的集体知觉状态很可能是人类语言出现之前的状态。（2000:116,117）以数字媒介中具有代表性的网络游戏为例。玩家的一切信息通过化身的方式，呈现在其他玩家的屏幕上。玩家直接参与的游戏的发展与创建过程中。以第一视角、第一身份书写的游戏故事的历史。

网络游戏塑造着游戏玩家的感知模式。"一种很快的加速现象比如随电力发生的加速现象，又可能有助于恢复参与强度高的一种部落模式。收音机在电欧洲推广以后出现的情况就是一个例子。电视在美国的普及如今又倾向于产生这样的结果。"（McLuhan, 1964:24）随身听的出现，将音乐随身携带，改变了听众听音乐的习惯，吸引着边走边听的年轻消费者。同样，特克认为手机媒介的主要特征是"孤独地在一起"。（S.Turkle, 2011）手机使用户面对屏幕，与他人联系。在空间上，是孤独的个体，在信息互联的网络中，成为信息网络中的节点。网络游戏的玩家加剧了雪利的"孤独地在一起"的倾向。网络游戏，世界各地的玩家参与其中，消除了空间地域的限制，成为数字人生存的新世界。

Peroration and Outlook
结语与展望

从影视艺术对文学、戏剧、绘画、音乐、摄影等传统艺术形式的艺术语言的萃取与整合，到数字游戏艺术对影视艺术语言的借鉴与发扬，随着人类科学技术的不断发展以及信息媒介载体的极大丰富，艺术场域正不断打破传统艺术之间原本泾渭分明的语言差异与形态差异，并不断呈现出相互融合的发展趋势。麦克卢汉认为，"任何媒介的'内容'都是另一种媒介"。数字游戏艺术源于数字交互技术在艺术创作中的广泛运用，其艺术语言在数字技术创作手段的催促下产生出拟像操控、交互叙事等崭新形态，但游戏艺术语言要素中更有着对电影、电视、绘画、音乐、建筑等各种先行艺术门类艺术语言的无限解构和重新整合，是对各种艺术语言不同层次的嵌套与重组。数字游戏艺术语言从传统艺术语言中得以滋养和衍生出强大的艺术表现力，为数字游戏艺术的未来发展带来了无尽生机。在形成自身艺术语言的同时，数字游戏艺术对已有艺术形式的艺术语言也产生着深远影响，在解构与整合传统艺术语言的同时，也促进着传统艺术语言向着数字化、多元化的艺术语言形式转化，各种艺术门类在数字游戏艺术的影响下也正在加快进行着艺术语言的相互借鉴与融合的进程。

　　正如麦克卢汉和一切享有盛誉的媒介理论家认为的那样，媒介常常产生意料之外的后果。实际上，对媒介的理解，从发明者的意图，推广者的期待，在很大程度上，与

| 结语与展望 |

媒介的用途和影响都没有关系。正如莱文森所列举的案例：按照爱迪生起初的设想，他发明的留声机会成为记录电话的设备。不到十年，他就看到，留声机的主要作用是记录音乐会。接着他发明了电影。爱迪生有这些想法一百年之后，我们有了电话录音机和音乐录像带。"媒介维持着超越时空的延伸，这样的延伸由我们的幻想提供灵感。"（莱文森，2001:262）数字媒介将游戏提升到一个全新的层面，玩家进入了多维空间与共时时间游戏的世界。人们不会因为穿梭于真实与虚拟的空间中而感到不适，反而，欣喜若狂，如痴如梦。进入了万花筒般的多元、流变的世界，玩家自由的选择可能的世界，找寻自己的天空，自由翱翔。与其说创作者创作了一个作品让参与者欣赏，不如说是创作者在搭建一个平台，为参与者提供了花样繁多的道具，让其在舞台上尽情地进行角色的扮演，疯狂的体验与感受。

从文字时代、读图时代，到数字化生存时代，媒介新特征的出现，不仅仅是视觉艺术的进步，人类传播方式的革新，更是人类的感知模式改变。游戏网络的世界中，塑造着玩家的世界观，重新定义现实与虚拟的界限，重写全新的自我。玩家在网络中延伸着自我，超越了身体，进入精神与意识的交流的元宇宙，并在其中自由的生长，共同创建网络意识。彼得·罗素所描述的星球意识："随着通信网络的增加，我们最终会达到一个点，在那里任一时间都有数以亿计的信息交流穿梭在网络中，可以在全球大脑中创造连贯性，与已经在人类大脑中发现的类似。"（Russell, 1982）尽管这样的想法有些夸张，但是这样的发展趋势正在改变人类的文化。

麦克卢汉认为："作为人的延伸的语言，其分割和分离的功能是众所周知的，这一功能很可能是人借以登上九重天的巴别塔的功能。今天，计算机展示了瞬间将一种代码和语言翻译成任何其他代码或语言的前景。简言之，计算机以技术给人展示了世界大识大同的圣灵降临的希望。合乎逻辑的下一步似乎不是翻译，而是绕开语言去支持一种普遍的寰宇意识。它也许很像柏格森梦想的集体无意识。

| 媒介环境学派视角下的 网络游戏玩家研究 |

'无重力'状态——生物学家说它预示着物质的不朽——可能会和无言语的情况同时出现，无言语的状况可能会赋予人一种永恒的集体和谐与太平。"（2000:116,117）数字媒体艺术，是真实与虚拟的交互式跨越，给参与者带来的审美体验的真实性，用虚拟的视像与声音，来激发参与者的生理感受，虚拟的存在作用在真实的机体上，生理与感官的真实激发参与者的精神与意识的美感体验。突破了传统审美的境界，形成了虚拟真实的审美范畴。曾经艺术领域中的假设与虚构，如今在媒介的作用下，将表达虚构、表达素材和自然生长的感官可接受性，作为了自身任务。（彼得·科斯洛夫斯基，2011:45）网络游戏是一个心灵载体；它没有生命性，却成为人与人互动的中介；它不会思考，但却未与思考绝缘；与当今的人类如影相随。网络游戏的玩家，通过网络游戏，将意识、情感延伸到虚拟的游戏世界之中，与其他玩家进行互动，建立虚拟自我。对于虚拟自我的评价，受到了游戏规则、反馈以及其他玩家的评价与影响。新媒体理论学者马诺维奇表达了类似的看法："我们使用软件及嵌入其中的操作程序，反过来，操作程序成为我们如何理解自己、他人和世界的要素。"（Manovich, 2001:118）网络游戏成为后现代主义的重要代表对象，使我们的梦境与幻想得以表现，它将幻想展现在屏幕之上，将玩家带入探索心灵体验的新世界。这是一个可协商的世界，网络延伸了人类的意识，在网络空间中交流、碰撞，屏幕成为可以协商的交流场所，内容由分布在世界各地的网络游戏玩家共同生成。身体的化身在流动、延续的图像、文本与声音所构成的信息空间中畅游。关注、感受的不是肉体的身体，而是化身中的自我意识与灵魂。玩家在数字空间中探索，根据自身的经验，进行全新的建构与感知。

媒介随着社会与使用者的需要，在不断进行着修正与改变。视觉、听觉的数字化运算，模拟真实环境的视听盛宴，引发着玩家的感官联觉性，使玩家沉浸在视觉、触觉、听觉、文本、环境所构成的数字声觉空间的超媒介。"体验的意义超出了语言的表述，超出了信息与消息。人的身体性与物的物体性超越了接收者、消息、消息传递者形成的信息技术关系。对话中的实际体验不只是一个信息的接收,而是联系与开放的境界。"(彼得·科斯洛夫斯基,2011:47)血肉之身的体验转向了数字人的超感官体验,将自然世界中不可感知、不可触及的画面呈现在潜在流动性的数字屏幕之上。网络游戏引发了玩家真实地被游戏的虚拟性入侵,将个人计算机连接在一起,成为人际社交的云计算网络,构建玩家化身生存的数字信息化地球村,成为网络互动的新形式。这样的网络互动,塑造了玩家多元、流变的虚拟自我。玩家将虚拟与真实相混合,游戏成为生活的组成部分。网络游戏带给玩家无尽的欢乐与体验,它面向未来,走向着人类灵魂的深处。

参考文献
REFERENCES

中文文献

[1] 弗洛伊德. 论创造力与无意识 [M]. 孙恺祥, 译. 北京: 中国展望出版社, 1987.
[2] 维特根斯坦. 游戏规则 [M]. 唐少杰, 等译. 西安: 陕西师范大学出版社, 2003.
[3] 吉尔·德勒兹. 弗兰西斯·培根: 感觉的逻辑 [M]. 董强, 译. 桂林: 广西师范大学出版社, 2007.
[4] 居伊·德波. 景观社会 [M]. 王昭凤, 译. 南京: 南京大学出版社, 2007.
[5] 波德里亚. 消失的技法 [M]// 罗岗, 顾峥, 主编. 视觉文化读本. 桂林: 广西师范大学出版社, 2003.
[6] 德克霍夫. 文化肌肤: 真实社会的电子克隆 [M]. 汪冰, 译. 保定: 河北大学出版社, 1998.
[7] 罗伯特·洛根. 理解新媒介: 延伸麦克卢汉 [M]. 何道宽, 译. 上海: 复旦大学出版社, 2012.
[8] 马歇尔·麦克卢汉. 麦克卢汉如是说 [M]. 何道宽, 译. 北京: 中国人民大学出版社, 2006.
[9] 麦克卢汉. 理解媒介: 论人的延伸 [M]. 何道宽, 译. 北京: 商务印书馆, 2000.
[10] 麦克卢汉. 理解媒介: 论人的延伸 [M]. 何道宽, 译. 南京: 译林出版社, 2011.
[11] 麦克卢汉, 秦格龙. 麦克卢汉精粹 [M]. 何道宽, 译. 南京: 南京大学出版社, 2006.
[12] 约瑟夫·派恩, 詹姆斯·H.吉尔摩. 体验经济 [M]. 夏业良, 鲁炜, 等译. 北京: 机械工业出版社, 2002.
[13] 弗里德里. 在线游戏互动性理论 [M]. 陈宗斌, 译. 北京: 清华大学出版社, 2006.
[14] 尼尔·波斯曼. 娱乐至死·童年的消失 [M]. 章艳, 译. 桂林: 广西师范大学出版社, 2010.
[15] 瓦格纳·詹姆斯·奥. 第二人生: 来自网络新世界的笔记 [M]. 李东贤, 李子南, 译. 北京: 清华大学出版社, 2009.
[16] 米哈里·契克森·米哈赖. 当下的幸福: 我们并非不快乐 [M]. 张定绮, 译. 北京: 中信出版社, 2011.
[17] 阿瑟·伯格. 媒介分析技巧 [M]. 李德刚, 等译. 北京: 清华大学出版社, 2011.
[18] 卡斯特. 网络社会的崛起 [M]. 夏铸九, 王志弘, 等译. 北京: 社会科学文献出版社, 2001.
[19] 道格拉斯·凯尔纳. 媒体文化: 介于现代与后现代之间的文化研究、认同性与政治 [M]. 丁宁, 译. 北京: 商务印书馆, 2004.
[20] 乔治·萨顿. 科学的生命——文明史论集 [M]. 刘珺珺, 译. 北京: 商务印书馆, 1987.
[21] 罗杰·菲德勒. 媒介形态变化: 认识新媒介 [M]. 明安香, 译. 北京: 华夏出版社, 2000.
[22] 尼尔·斯蒂芬森. 大雪崩 [M] // 熊澄宇. 新媒介与创新思维. 北京: 清华大学出版社, 2001.
[23] 怀曼. 神作之路: 卓越游戏设计剖析 [M]. 李鑫, 译. 北京: 人民邮电出版社, 2013.
[24] 林文刚. 媒介环境学: 思想沿革与多维视野 [M]. 何道宽, 译. 北京: 北京大学出版社, 2007.
[25] 波斯特. 第二媒介时代 [M]. 范静哗, 译. 南京: 南京大学出版社, 2000.
[26] 梅罗维茨. 消失的地域: 电子媒介对社会行为的影响 [M]. 肖志军, 译. 北京: 清华大学出版社, 2002.
[27] 道格拉斯·凯纳尔, 斯蒂文·贝斯特. 后现代理论 [M]. 张志斌, 译. 北京: 中央编译出版社, 2011.

[28] 莱文森.数字麦克卢汉:信息化新纪元指南[M].何道宽,译.北京:社会科学文献出版社,2001.
[29] 莱文森.莱文森精粹[M].何道宽,编译.北京:中国人民大学出版社,2007.
[30] 莱文森.新新媒介[M].何道宽,译.上海:复旦大学出版社,2011.
[31] 谢尔.全景探秘游戏设计艺术[M].吕昉,蒋韬,唐文,译.北京:电子工业出版社,2010.
[32] 迈克尔·海姆.从界面到网络空间:虚拟实在的形而上学[M].金吾伦,刘钢,译.上海:上海科技教育出版社,1997.
[33] 丹尼尔·麦奎尔,斯文·温德尔.大众传播模式论(第二版)[M].祝建华,译.上海:上海译文出版社,2008.
[34] 费瑟斯通.消费文化与后现代主义[M].刘精明,译.南京:译林出版社,2000.
[35] 约斯·德·穆尔.赛博空间的奥德赛:走向虚拟本体论与人类学[M].麦永雄,译.桂林:广西师范大学出版社,2007.
[36] 胡伊青加.人:游戏者:对文化中游戏因素的研究(第二版)[M].成穷,译.贵阳:贵州人民出版社,2007.
[37] 肖恩·库比特.数字美学[M].赵文书,王玉括,译.北京:商务印书馆,2007.
[38] 伽达默尔.真理与方法[M].洪汉鼎,译.上海:上海译文出版社,1999.
[39] 彼得·科斯洛夫斯基.后现代文化:技术发展的社会文化后果[M].毛怡红,译.北京:中央编译出版社,2011.
[40] 胡塞尔.生活世界的现象学[M].倪梁康,张廷国.上海:上海译文出版社,2005.
[41] 格尔达·帕格尔.拉康(大哲学家的生活与思想)[M].李朝晖,译.北京:中国人民大学出版社,2008.
[42] 中国互联网络信息中心.第41次中国互联网络发展状况统计报告[R].中国互联网络信息中心,编.北京:人民邮电出版社,2018.
[43] 中国音像与数字出版协会游戏出版工作委员会.2019年中国游戏产业报告[R].IDC数据公司.北京:社会科学文献出版社,2019.
[44] 戈夫曼.日常生活中的自我呈现[M].冯钢,译.北京:北京大学出版社,2008.
[45] 支宇.类像[J].外国文学,2005(5):56-63.
[46] 王天德,吴吟.网络文化探究[M].北京:五洲传播出版社,2005.
[47] 王冰.北美媒介环境学的理论想象[M].北京:光明日报出版社,2010.
[48] 王廷信.艺术学的理论与方法[M].南京:东南大学出版社,2011.
[49] 王秋凡.西方当代新媒体艺术[M].沈阳:辽宁画报出版社,2002.
[50] 弗罗里安·罗泽.第二个和第三个身体,或者:成为一只蝙蝠或住在另一个行星上会是什么情景?[M]//西皮尔·克莱默尔.传媒、计算机、实在性:真实性表象和新传媒.孙和平,译.北京:中国社会科学出版社,1995.
[51] 艾瑞咨询集团.2014年中国网络游戏行业报告[R].上海市信息服务业行业协会,等编.上海:上海财经大学出版社,2014.
[52] 何道宽.异军突起的第三学派——媒介环境学评论之一[J].深圳大学学报:人文社会科学版,2006(6):106-110.
[53] 宋书文,等.心理学词典[M].南宁:广西人民出版社,1984.
[54] 李立.奇观社会的文化密码:电视真人秀的游戏规则研究[M].成都:四川大学出版社,2012.

[55] 李彤.世界读书日：国内"读书人"越来越少？[J/OL].广州日报,2014,[2014-4-23]http://history.people.com.cn/peoplevision/n/2014/0423/c371464-24933204.html

[56] 李建会,苏湛.哈拉维及其"赛博格"神话[J].自然辩证法研究,2005,21(3):19-23.

[57] 李艺,刘成新,等.影视艺术传播与审美[M].北京:中国广播电视出版社,2001.

[58] 周宪.20世纪西方美学[M].北京:高等教育出版社,2003.

[59] 周宪.视觉文化的转向[M].北京:北京大学出版社,2008.

[60] 波斯特.信息方式:后结构主义与社会语境[M].北京:商务印书馆,2000.

[61] 邵培仁.论人类传播史上的五次革命[J].中国广播电视学刊,1996(7):5-8.

[62] 柳红波.数字虚拟艺术的当代审美维度[J].艺术探索,2008(5):129-130.

[63] 胡智峰.电视传播艺术学[M].北京:北京大学出版社,2004.

[64] 席勒.美育书简[M]//徐恒醇,译.缪灵珠美学译文集(第二卷).北京:中国人民大学出版社,1998.

[65] 徐琳琳.网络中的虚拟自我探析[D].大连:大连理工大学,2010.

[66] 格丽特·A.罗斯.后现代与后工业[M].张月,译.沈阳:辽宁教育出版社,2002.

[67] 雪莉·特克.虚拟化身:网络世代的身份认同[M].谭天,吴佳真,译.台北:远流出版事业公司,1998.

[68] 郝敬班.电影的皮肤:跨文化电影,涉身性,和感官[J].当代艺术与投资,2010(5):110.

[69] 高明忠.论艺术的通感及其表达效应[J].语文教学与研究,1986(9):27-29.

[70] 曹荣湘.后人类文化[M].上海:三联书店,2004.

[71] 曾芬芳.虚拟实在技术[M].上海:上海交通大学出版社,1997.

[72] 曾耀农.艺术与传播[M].北京:清华大学出版社,2007.

[73] 曾国屏.赛博空间的哲学探索[M].北京:清华大学出版社,2002.

[74] 新华社.网络游戏的代表—MUD[M].2004.

[75] 董虫草.艺术与游戏[M].北京:人民出版社,2004.

[76] 董虫草.胡伊青加的游戏理论[J].浙江大学学报(人文社会科学版),2005(3):50-58.

[77] 摩尔.皇帝的虚衣:因特网文化实情[M].王克迪,冯鹏志,译.保定:河北大学出版社,1998.

[78] 关萍萍.媒介互动论:电子游戏多重互动与叙事模式[M].杭州:浙江大学出版社,2012.

[79] 刘丹鹤.赛博空间与网际互动——从网络技术到人的生活世界[D].上海:复旦大学,2004.

[80] 刘春艳.网络游戏三位角色造型研究[M].成都:西南交通大学出版社,2008.

[81] 刘健.电玩世纪:奇炫的游戏世界[M].天津:百花文艺出版社,2006.

[82] 刘蕴漩.通感说略[J].内蒙古社会科学(汉文版),1994(4):90-96.

[83] 张西明.张力与限制——新闻法治与自律的比较研究[M].重庆:重庆出版社,2002.

[84] 张怡,等.虚拟认识论[M].北京:学林出版社,2003.

[85] 恽如伟,陈文娟.数字游戏概论[M].北京:高等教育出版社,2012.

[86] 杨波,张辉.跨感官感知与通感形容词研究[J].外语教学,2007(1):18-23.

[87] 约瑟夫·房德里耶斯.语言[M].岑麒祥,叶蜚声,译.北京:商务印书馆,1992.

[88] 罗仕鉴,等.人机界面设计[M].北京:机械工业出版社,2002.

[89] 蒋孔阳.十九世纪西方美学名著选(德国卷)[M].上海:复旦大学出版社,1990.

[90] 蒋原伦.媒介文化十二讲[M].北京:北京大学出版社,2010.

[91] 许共成.艺术与游戏[M].厦门:厦门大学出版社,1988.

[92] 许并生. 艺术学的当代构架论略 [M]. 上海：学林出版社，2004.

[93] 陆俊. 重建巴比塔：文化视野中的网络 [M]. 北京：北京出版社，1999.

[94] 陈永国. 游牧思想 [M]. 长春：吉林美术出版社，2003.

[95] 陈永国. 视觉文化研究读本 [M]. 北京：北京大学出版社，2009.

[96] 陈默. 媒介文化：互动传播新环境 [M]. 北京：北京师范大学出版社，2010.

[97] 马立新. 论网络游戏的本体特征 [J]. 山东师范大学学报（人文社会科学版），2007(4):10-14.

[98] 鲍宗豪. 数字化与人文精神 [M]. 上海：上海三联书店，2003.

[99] 黄鸣奋. 离形得似：互联网艺术与化身网络建设 [J]. 南京邮电大学学报（社会科学版），2006(4):4-10.

[100] 黄鸣奋. 新媒体与西方数码艺术理论 [M]. 上海：学林出版社，2009.

[101] 黄鸣奋. 新媒体时代电子人与赛博主体性的建构 [J]. 郑州大学学报（哲学社会科学版），2009(1):166-171.

[102] 黄鸣奋. 西方数码艺术理论史 [M]. 上海：学林出版社，2011.

[103] 黄鸣奋. 艺术身体观三大范式比较 [J]. 艺术百家，2012(3):126-134.

外文文献

[1] STONE A R.Will the Real Body Please Stand up？Boundary Stories about Virtual Culture[G]/BELL D,KENNEDY B M,The Cybercultures Reader.New York:Routledge,2000.

[2] AARSETH E.Computer Game Studies,Year One[J/OL].[2020-9-16]. http://gamestudies.org/0101/editorial.html

[3] AARSETH E.Genre Trouble:Narrativism and the Art of Simulation[J]//WARDRIP-FRUIN N,HARRIGAN P.First Person:New Media as Story,Performance,and Game.Cambridge,MA:MIT Press,2004a.

[4] AARSETH E.Quest Games as Post-Narrative Discourse[M]//RYAN.Narrative across Media:The Languages of Storytelling.Lincoln:University of Nebraska Press,2004b.

[5] ADAMS E.Postmodernism and the Three Types of Immersion[J].Gamasutra:The Art Business of Making Game,2004(9).

[6] ASCOTT R,SHANKEN E A.Telematic Embrace:Visionary Theories of Art,Technology,and Consciousness by Roy Ascott[M].Oakland:University of California Press,2007.

[7] BOGOST I.You Played That？Game Studies Meets Game Criticism[M].West London:Authors & Digital Games Research Association,2009.

[8] CAILLOIS R,BARASH M.Man,Play,and Games[M].Illinois:University of Illinois Press,2001.

[9] CHEN J.Flow in Games [J].Communications of the ACM,2007(5):31-32.

[10] COLEMAN B.Hello Avatar:Rise of the Networked Generation[M].Cambridge,MA:MIT Press,2011.

[11] CSIKSZENT M.Flow[M].New York:Harper Collins,1991.

[12] D.LEE D.Online gaming becoming part of life[J].Korea Times,2006(10).

[13] DONALD M.Origins of the Modern Mind:Three Stages in the Evolution of Culture and Cognition[M].Cambridge,MA:Harvard University Press,1991.

[14] DYSON F.When is the Ear Pierced？The Classes of Sound,Technology,and Cyber Culture[M]// MOSER M

A,Macleod D.Immersed in Technology:Art and Virtual Environments.Cambridge,MA:MIT Press,1996.

[15] ERMI L,MÄYRÄ F.Fundamental Components of the Gameplay Experience:Analysing Immersion [C]//Author & Digital Games Research Association.Changing Views:Worlds in Play,2005 International Conference.Vancouver:Authors & Digital Games Research Association.2005.

[16] FESTINGER.A Theory of Cognitive Dissonane[M].San Francisco:Stanford University Press,1957.

[17] FINE G A.Shared Fantasy:Role Playing Games as Social Worlds[M].Chicago:University of Chicago Press,1983.

[18] FRIEDL M.Online Game Interactivity Theory[M].Hingham,MA:Charles River Media,2003.

[19] GIBSON W.Neuromancer[M].New York:Basic Books,1984.

[20] GRODAL T.Stories for Eye,Ear,and Muscles:Video Games,Media,and Embodied Experiences[M]//WOLF M J P,PERRON B.The Video Game Theory Reader.New York:Routledge,2003.

[21] GUNAWARDENA C N.Social Presence Theory and Implications for Interaction and Collaborative Learning in Computer Conferences[J].International Journal of Educational Telecommunications.1995:147-166.

[22] HANSEN M B N.New Philosophy for New Media[M].Cambridge,MA:The MIT Press,2004.

[23] HARAWAY D.A Cyborg Manifesto:Science,Technology,and Socialist-Feminism in the Late Twentieth Century[M]//SIMIANS.Cyborgs and Women:The Reinvention of Nature.New York:Routledge,1991:149-181.

[24] HEETER.Aspects of Presence in Telerelating[J].Cyberpsychogy and Behavior,1999:225-325.

[25] INNIS H A.Empire and Communications[M].Toronto:University of Toronto Press,1972.

[26] Aki J.Kolmiulotteisuuden aika.Audiovisuaalinen kulttuurimuoto.1992-2002[G]//Huhtamo E,Kan S.Mariosofia:Elektronisten pelien kulttuuri.Gaudeamus.2002a.

[27] JRVINEN A,HELIO S,MÄYRÄ F.Communication and Community in Digital Entertainment Services[R].Tampere:University of Tampere,2002b.

[28] JENKINS H.Convergence Culture:Where Old and New Media Collide[M].New York:New York University Press,2006.

[29] JENKINS H.The Art of Contested Spaces[M].London:Laurence King Publishing,2002.

[30] JUUL J.The Game,the Player,the World:Looking for a Heart of Gameness [C].Utrecht:Digital Games Research Conference 2003,2003.

[31] JUUL J.Half-Real:Video Games Between Real Rules and Fictional Worlds[M].Cambridge,MA:MIT Press,2011.

[32] KENNEDY H W.Lara Croft:Feminist Icon or Cyberbimbo？On the Limits of Textual Analysis[J/OL].Game Studies:International Journal of Computer Games Research.[2020-09-26].http://uwe-repository.worktribe.com/output/1075566/lara-croft-feminist-icon-or-cyberbimbo-on-the-limits-of-textual-analysis.

[33] KENT S L.The Ultimate History of Video Games:From Pong to Pokemon and Beyond[M]//The Story Behind the Graze That Touched Our Lives and Changed the World.New York:Three Rivers Press,2001.

[34] KLINE S,DYER-WITHEFORD N,GREIG DE PEUTER.Digital Play:The Interaction of Technology,Culture,

and Marketing[M].Montreal:McGill-Queen's University Press,2003.

[35] KOHLER C.Power-Up:How Japanese Video Games Gave the World an Extra Life[M].Indianapolis:Brady GAMES/Pearson Education,2005.

[36] LAUREL B.Computers as Theatre[M].Pearson Education,1991.

[37] LINDLEY C A.Story and Narrative Structures in Computer Games[G]// BUSHOF,BRUNHILD.Developing Interactive Narrative Content.Berlin:High Text Verlag,2005.

[38] LISTER M,DOVEY J,GIDDINGS S,GRANTI,et al.New Media:A Critical Introduction[M].London:Routledge,2003.

[39] LOMBARD M,DITTON.At the Heart of it All:the Concept of Presence.Computer Mediated Communication[J].1997.

[40] LUM C M K.In Search of a Voice:Karaoke and the Construction of Identity in Chinese America[M].Oxfordshire:Taylor & Francis,2012.

[41] MÄYRÄ F.An Introduction to Game Studies[M].SAGE Publications,2008.

[42] MANNINEN T.Interaction Forms and Communicative Actions in Multiplayer Games[J].Game Studies,2003.

[43] MANOVICH L.The Language of New Media[M].Cambridge,MA:MIT Press,2001.

[44] MCLUHAN M.The Gutenberg galaxy:The making of typographic man[M].Toronto:University of Toronto Press,1962.

[45] MCLUHAN M.Understanding Media[M].New York:McGraw-Hill,1964.

[46] MCMAHAN A.Immersion,Engagement,and Presence:A Method for Analyzing 3-D Video Games[G]// PERRON B,WOLF M J P,The Video Game Theory Reader 2.New York:Routledge,2008.

[47] MITCHELL W J.The Reconfigured Eye:Visual Truth in the Post-photographic Era[M].Cambridge,MA: MIT Press,1992.

[48] MONTFORT N.Twisty Little Passages:an Approach to Interactive Fiction[M].Cambridge,MA:MIT Press,2003.

[49] MORNINGSTAR C M,FARMER R F.The Lessons of Lucasfilm's Habitat[M]//MICHAEL BENEDIKT.Cyberspace:First Steps.Cambridge,MA:MIT Press,1991.

[50] MORSE M.Virtualities:Television,Media Art,and cyberculture[M].Bloomington and Indianapolis:Indiana University Press,1998.

[51] MUNSTER A.Materializing New Media:Embodiment in Information Aesthetics(Interfaces:Studies in Visual Culture)[M].Hanover & London:University Press of New England,2006.

[52] MURRAY J H.Hamlet on the Holodeck[M].New York:The Free Press,1997.

[53] NECHVATAL J.Introduction to:Immersive Ideals/Critical Distances[M].Wales:University of Wales College,2004.

[54] NEWMAN J.The Myth of the Ergodic Videogame:Some Thoughts on Player-Character Relationships in Videogames[J].Game Studies,2002.

[55] NEWMAN J.Videogames[M].London:Routledge,2004.

[56] NIELSEN J.Usability Engineering[M].Boston:Academic Press,1993.

[57] PAYNE A,LEWIS M.Jacques Derrida:The Ghost Dance.An Interview with Jacques Derrida[J].Trans.JEAN-LUC SVOBODA,Public 1,1989:60-73.

[58] ROTZER F.Virtual Worlds:Fascination and Reactions[G]//PENNY S,Critical Issues in Electronic Media.Albany,New York:State University of New York Press,1995.

[59] RUSSELL P.The Awakening Earth[M].London:Routledge,1982.

[60] RYAN,MARIE-LAURE.Avatars of Story[M].Minneapolis:University of Minnesota Press,2006.

[61] RYAN M L.Narrative as Virtual Reality:Immersion and Interactivity in Literature and Electronic Media[M].Baltimore:Johns Hopkins University Press,2001.

[62] RYU.Unlocking the Positive Potential of Video Games[J].The Korea Herald, September,2008.

[63] Scheniedr E.Story and Game Combined:Using Machinima for Interactive Experiences[OL].[2020-09-08].http://fba.unlp.edu.ar/lenguajemm/?wpfb_dl=58.

[64] SIR BRUCE.Confessions of an MMOG Cross-Dresser[OL].[2014-7-14]. http://www.escapistmagazine.com/articles/view/issues/issue_77/439-Confessions-of-an-MMOGCross-Dresser.

[65] TURKLE S.Life on the Screen:Identity in the Age of the Internet[M].New York:Thouchstone,1995.

[66] TURKLE S.Life on the Screen[M].New York:Simon & Schuster,1996.

[67] TURKLE S.Alone Together:Why We Expect More from Technology and Less from Each Other[M].New York:Basic Books,2011.

[68] WALLACE P.The Psychology of the Internet[M].Cambridge and New York:Cambridge University Press,2001.

[69] WARK M.Virtual Geography:Living with Global Media Events[M].Bloomington:Indiana University Press,1994.

[70] WILLIAMS D.A (Brief) Social History of Video Games[M]//J.B.E.PETER VORDERER,Playing Computer Games:Motives,Responses,and Consquences.Mahwah and London:Lawrence Erlbaum,2006.

[71] WOLF M J P,BAER R H.The Medium of the Video Game[M].Texas:University of Texas Press,2010.

[72] WOLF M J P,PERRON B.The Video Game Theory Reader[M].Oxfordshire:Taylor & Francis,2003.

致谢
ACKNOWLEDGEMENTS

  感谢求学之路的几位恩师，他们不仅是对我进行知识的灌输，更是启发我对问题的探索、引导我思考的方式。我的硕士研究生导师任戬教授运用后现代文化观念分析读图时代中的各种现象，打破了我十几年来形成的墨守成规的思考方式。我逐渐转向多元、包容的视角，进行思考。更加幸运的是，我的生命里，出现了另一位恩师，博士研究生导师陈默教授。他从西方哲学的研究转向东方哲学的研究，用直觉感悟，用心关照。虽光阴短暂，但留下了美好的回忆。还记得初见陈老师的情景，陈老师深邃的眼神、洪亮的声音，讲述着他对媒介的理解、对人生的体验。机缘巧合，麦克卢汉的理论成为我与陈老师沟通的桥梁。陈老师特别推崇麦克卢汉，认为他用直觉在感悟。研究正是在麦克卢汉为代表的媒介环境学派的观照下，进行网络游戏玩家的研究与分析。过程中，有欢乐也有汗水，更有感动与思考。感谢陈默教授如父般的悉心关怀、指引方向、恳切鼓励，不仅有学术上的提高，更有对人生的重新认识与思考，提升了我人生的新境界。

  在选题研究过程中，徐舫舟、周文教授高屋建瓴的指点，使我的研究框架在建构上有了新的高度。感谢大连工业大学任文东副校长、艺术设计学院的曹福存院长、伏剑森书记、李波教授、李智教授为我提供学习的便利条件。师兄胡海、师姐时辰、梁颐、张帅，对于我的选题给予了建设性的意见。同窗魏渲、孙桂杰、石苑、杨光辉、赵春光等同学，与我共同学习、交流，令我终生难忘。

  感谢家人的理解，是他们的支持给了我更多的时间与经历，更好地投入到研究之中。

  最后，还要特别感谢中国纺织出版社有限公司的苗苗编辑，为本书的细节修改提出了宝贵的意见。

  在本书写作过程中，本人参阅了大量的参考文献，在此也向文献的作者表达感谢之情。由于本人水平有限，书中难免存在不足之处，敬请读者批评指正。

单鹏

2020 年 11 月

内 容 提 要

网络游戏，在一定程度上，改变着我们的观念、影响着我们的行为。本书将网络游戏作为研究媒介，探究被人忽视却在起着重要作用的传播媒介环境对游戏玩家的改变，以及网络游戏对玩家身份的影响。提出作为媒介环境的网络游戏塑造玩家感知模式的问题。探讨网络游戏的媒介特征，提出"网络游戏是实现玩家幻想的媒介"的观点。从玩家生理角度，提出"数字人"概念，揭示出网络游戏为数字人营造的"数字视听空间"，带给玩家触觉性视觉的感知改变。

图书在版编目（CIP）数据

媒介环境学派视角下的网络游戏玩家研究 / 单鹏著．－－北京：中国纺织出版社有限公司，2021.1
（设计学系列成果专著 / 任文东主编）
ISBN 978-7-5180-8123-3

Ⅰ．①媒… Ⅱ.①单… Ⅲ.①网络游戏-研究 Ⅳ.① G898.3

中国版本图书馆 CIP 数据核字（2020）第 210558 号

策划编辑：苗 苗 金 昊 责任编辑：金 昊
责任校对：楼旭红 责任印制：王艳丽

中国纺织出版社有限公司出版发行
地址：北京市朝阳区百子湾东里 A407 号楼 邮政编码：100124
销售电话：010-67004422 传真：010-87155801
http://www.c-textilep.com
中国纺织出版社天猫旗舰店
官方微博 http://weibo.com/2119887771
北京华联印刷有限公司 各地新华书店经销
2021 年 1 月第 1 版第 1 次印刷
开本：787×1092 1/16 印张：11.5
字数：153 千字 定价：98.00 元

凡购本书，如有缺页、倒页、脱页，由本社图书营销中心调换